CAPITAINE Maurice BOTTET.

VÉTÉRANS,

DÉBRIS, FRÈRES D'ARMES.,

VÉTÉRANS

Frères d'Armes de l'Empire Français

Débris

et

Médaillés de Sainte-Hélène

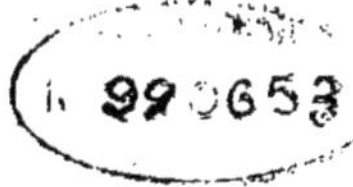

Capitaine Maurice BOTTET

Vétérans

Frères d'Armes de l'Empire Français
Débris
et
Médaillés de Sainte-Hélène

1792 - 1815

PARIS
J. LEROY FILS, ÉDITEUR
55, Rue du Faubourg-Poissonnière, 55

1906

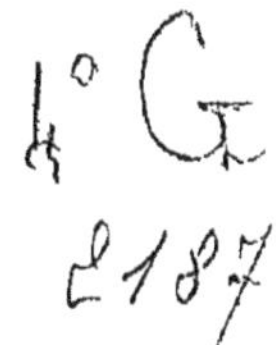

A Monsieur le général de division NIOX,

Commandant l'Hôtel National des Invalides,

Directeur du Musée de l'Armée.

CHAPITRE PREMIER

De 1815 à 1830

Ce n'est pas en France, après 1815, qu'il eût pu se former un groupement quelconque des anciens soldats de la République et de l'Empire; ce fut alors le temps de la *Terreur blanche*, des proscriptions et des cours prévôtales.

L'Ordonnance royale du 24 juillet 1815 mettait en jugement ou proscrivait trente et un officiers généraux dont les maréchaux Ney et Soult, quatre colonels et vingt-deux autres fidèles de l'Empire. En août, le licenciement des *brigands de la Loire* était terminé et les cours prévôtales accomplissaient leur besogne.

Les proscrits se répandirent par le monde; en Turquie, en Grèce, jusques en Perse, tels les frères Bacheville; un grand nombre d'entre-eux, comme jadis Moreau en l'an XII, allèrent chercher un asile aux États-Unis, terre de liberté, frémissante encore de son émancipation.

Là, se retrouvèrent en 1817, Grouchy, Clausel, Vandamme, Lefebvre-Desnoëttes, Rigaud, le colonel Galabert et nombre d'officiers supérieurs. Là aussi, Joseph Bonaparte, sous l'incognito du comte de Survilliers avait cherché un refuge. Ce fut lui qui encouragea la tentative de colonisation militaire dont le général baron Dominique Lallemand fut l'âme, tentative avortée dès le principe et dont les conséquences furent désastreuses pour ceux qui y prirent part.

Le souvenir du *Champ d'asyle*, n'a point tout à fait disparu de France, encore qu'il soit devenu très vague. A Paris une rue porte ce nom; on rencontre encore le long de nos grandes routes quelques enseignes représentant le *soldat-laboureur* qui tenta de défricher le Texas, coiffé de son grand chapeau et appuyé sur sa bêche. Marco Saint-Hilaire, à la fin de son histoire de la Garde impériale a retracé en quelques pages trop courtes sa lamentable odyssée; puis, il reste deux ou trois estampes presque d'imagerie populaire qui rappellent le souvenir d'Aigleville, l'éphémère capitale de la Colonie, de sa place Marengo où se réunissaient, autour d'un feu de bivouac qu'ils appelaient leur *palais-royal*, ses faméliques habitants et où débouchaient les amorces de rues aux noms glorieux d'Eylau, de Wagram, d'Austerlitz et de Friedland.

On y voit, autour du général Lallemand en grand uniforme, maniant la bêche, poussant la brouette, des manœuvres qui portent les insignes des légionnaires, des femmes, des enfants en costume militaire. C'est l'éveil d'un peuple nouveau, d'un peuple guerrier dont l'Empereur est le Dieu; rêve que démentit cruellement la réalité.

A Philadelphie, le général Lallemand, malgré l'appui que lui donna le comte de Survilliers, ne put rallier à son projet de colonisation militaire que le général Rigaud, un vieux soldat, né à Agen en 1758, et condamné à mort en mai 1816. L'expédition n'en fut pas moins résolue.

Où se dirigeait-elle? Suivant Marco Saint-Hilaire, le but avoué était de réunir en une colonie les victimes des proscriptions; le but réel, encouragé par les Anglais, de porter secours au parti anglo-libéral qui s'efforçait de détacher le Mexique de la domination espagnole. D'aucuns rêvaient enfin d'une expédition qui eût délivré Napoléon et l'eût emmené, du rocher de Sainte-Hélène, fonder au Texas un nouvel Empire.

Un navire fut nolisé, chargé de vivres pour cinq cents hommes, de quelques pièces de canon, de six cents fusils, quatre cents sabres, douze milliers de poudre, achetés des deniers des proscrits dont Joseph Bonaparte acquitta les dettes.

Le 17 décembre 1817, l'expédition partait de Philadelphie et débarquait le 15 janvier 1818 dans l'île de Galveston. C'était la première étape; un bivouac s'installa, défendu militairement contre les flibustiers qui infestaient le golfe du Mexique et contre des Indiens féroces, les Karakauës.

Le 20 mars 1818, le général Lallemand rejoignit avec une soixantaine d'émigrés. Le 24, on mit à la voile pour le *Champ d'asyle* sur les bords de la rivière Trinidad en plein territoire mexicain et c'est là que se fonde la capitale de la nouvelle République, Aigleville.

Cependant que les colons s'organisent militairement, le corps mexicain envoyé contre eux se contente de les observer à trois journées de marche.

L'issue de l'entreprise est lamentable. Les deux cents émigrés sont en proie aux privations, aux maladies, aux dissensions. Le 6 août, ils se rembarquent pour l'île de Galveston où vient les assaillir un cyclone qui dure trois jours. Les plus malades sont évacués sur la Nouvelle-Orléans où la fièvre jaune en fait périr la plupart; d'autres, par le continent, gagnent la Louisiane où ils reçoivent le produit d'une souscription recueillie en France. A peine en reste-t-il le quart; le reste a été *mangé par les sauvages*, noyé, ou décimé par le vomito.

Je ne m'étendrai pas davantage sur ce malheureux essai de colonisation militaire qui fut d'ailleurs, la seule manifestation de cet ordre. En France cependant, les soldats de la République et de l'Empire vivaient de sombres jours.

La *Terreur blanche* leur fut cruelle et fit ses premières victimes au sein d'une inoffensive colonie d'Égyptiens, qui depuis l'évacuation de leur pays par les troupes françaises, s'était installée dans un quartier alors retiré de Marseille, les cours Lieutaud et Gouffé et vivait d'assez misérable façon des modiques secours alloués par le gouvernement français.

C'étaient presque tous des chrétiens Cophtes, Grecs, Syriaques, Éthiopiens de la 21e demi-brigade légère ou des légions grecque et cophte dont avait été formé le corps des chasseurs d'Orient dissous seulement en 1814, après avoir tenu garnison en Italie et en Dalmatie sous le commandement des colonels Paplas Oglou et Gabriel Sirdarious; enfin, des mameluks de la Garde Impériale.

D'après la *Monographie de l'Église grecque catholique de Marseille, par Polycarpe Kayatca, archimandrite, vicaire de cette paroisse* (Marseille 1901), on y comptait Abdebal-Aga, ancien ministre de la police en Égypte, les colonels Hamaoug, Soliman... Les noms des familles Hamaoug, Sabakini, Sirdarious, Aïdé, Zidan, Yacoub, sont encore familiers aux oreilles marseillaises.

Lors du débarquement au Golfe Jouan, les Égyptiens, en manifestant leur joie, s'étaient attiré bien des haines et la seconde Restauration s'annonça vengeresse. Avant que le marquis de Rivières débarquât à Marseille et prît le commandement de la région, avant que les bandes marseillaises aidées d'un corps anglo-sicilien marchassent sur Toulon, le 25 juin (et ici je suis le récit d'Augustin Fabre : *Les rues de Marseille*), la réaction fit explosion et, pendant trois jours, des scènes de pillage et de mort régnèrent dans la ville abandonnée à toutes les horreurs de l'anarchie.

« Des bandes furieuses se ruèrent sur les Égyptiens. Deux négresses sont poursuivies. L'une d'elles se jette dans le port et veut se sauver à la nage. Atteinte de plusieurs coups de fusil elle s'élance palpitante sous l'eau rougie de son sang, puis elle montre la tête en criant « vive l'Empereur », plonge, paraît encore et disparaît pour toujours. Bien des Égyptiens s'étaient réfugiés dans les solitudes boisées de Sainte-Marguerite et de Montredon; des hordes d'assassins allèrent les y chasser comme des bêtes fauves. Plusieurs de ces malheureux furent massacrés et l'on vit rouler un tombereau chargé de cadavres sur lequel flottait un drapeau blanc.

« Proscrits infortunés, ils s'étaient reposés sur la foi de la France, et sur l'honneur d'un peuple généreux ; ils avaient cru trouver un asyle inviolable sur une terre hospitalière ; ils aimaient un grand Capitaine, ils s'étaient attachés à sa fortune, eux qui n'en avaient reçu que des bienfaits, eux qui l'avaient contemplé vainqueur au pied des Pyramides. »

A son honneur, le gouvernement de Louis XVIII, plus clément que ses partisans, reconnut la dette de l'Empire. Une décision ministérielle du 30 novembre 1815 maintint, tout en les réduisant, les secours aux réfugiés égyptiens, en les divisant en quatre classes, de 6 francs à 0 fr. 72 centimes par jour. *(D'après une note communiquée par l'intendant militaire de la 15e région à l'auteur précédemment cité.)*

Il reste encore à Marseille quelques souvenirs de ces réfugiés qu'on appela les *mameluks*.

Combien alors ne s'exerça-t-il point de vengeances locales, faites de fanatisme et de rancœurs accumulées depuis la Révolution ? La terre de France fut dure pour les vieux soldats que le licenciement de l'armée avait laissés sans pain, surveillés de près par la gendarmerie et suspects aux populations.

Il n'en était pas de même dans les anciens départements de l'Empire, belges ou rhénans. Dans ces pays que la Révolution française avait émancipés, le nom de Napoléon, dès 1815, était devenu le symbole plus encore d'humanitaires conquêtes que de gloires guerrières, et les princes que le Congrès de Vienne avaient mis en possession de la rive gauche du Rhin n'auraient su, du jour au lendemain, faire oublier l'administration impériale, si différente de celle d'avant la Révolution, si accueillante aux fonctionnaires d'origine autochtone et qui eût semblé paternelle après tout, n'eût été la conscription.

En Belgique, le gouvernement hollandais était de prime abord impopulaire. Comment en eût-il été autrement ? Historiquement il n'y avait entre Belges et Hollandais que des causes de dissentiment de tout ordre. Dans les pays rhénans, les nouveaux possesseurs du sol étaient des inconnus, presque des étrangers, en dépit de la communauté de langue.

Luxembourg et la Belgique étaient échus à la Hollande. Le Palatinat du Rhin à la Bavière ; Mayence au Grand-duc de Hesse-Darmstadt ; la Prusse avait eu le plus gros morceau : Cologne, Coblenz, Aix-la-Chapelle, Trèves et, sur la rive droite du Rhin, la Westphalie et le Grand-duché de Berg.

Sur la rive gauche, la domination française avait laissé des traces profondes, presqu'entièrement effacées aujourd'hui. Je me rappelle avoir vu, il y a près de trente ans, en plein pays flamingant, à Nieuport, nombre de souvenirs de l'Épopée entourés d'une sorte de vénération ; certainement, dans les pays allemands ceux-ci disparurent plus vite à la suite de la guerre de 1870-71. Mais là, comme en Belgique, la Révolution de juillet dut sembler, pour le drapeau tricolore, l'aube d'une ère nouvelle sous les auspices du nom vénéré de Napoléon.

Culte, c'est bien le seul mot qui caractérise la vénération qu'inspire alors le nom de Napoléon depuis sa mort en 1821, encore que bien de ses anciens soldats continuent à croire leur César immortel. Rien n'y manque, ni les superstitions, ni les amulettes, ni de miraculeux phénomènes qui frappent l'imagination populaire. Entre mille, en voici un exemple tiré d'une curieuse plaquette signée : *Collet* et parue en 1829 chez *Louis Tencé, imprimeur à Bruxelles, rue de Schaarbeek* et intitulée :

Résumé biographi-historique sur la petite Joséphine, enfant de quatre ans, portant à l'iris de chaque œil les mots : Napoléon Empereur.

Cette enfant du miracle, Joséphine-Claire Louis, tout comme Jeanne d'Arc, était Lorraine ; elle était née à Saulne, le 4 avril 1825 et, si l'on en croit les certificats médicaux, portait réellement sur l'iris bleu azur de chaque œil, au moins les rudiments en émail blanc de cette inscription : *Napoléon Empereur.*

Autour de son berceau, les hommes de l'art étaient accourus de Longwy, de Verdun et avaient procédé à l'examen de la mère qui, d'après la brochure, déclara :

« ... Se rappeler avoir reçu de son frère partant pour l'armée une pièce de un franc nouvellement frappée à l'effigie de Napoléon Ier et ayant pour légende : *Napoléon Empereur ;* que, soit attachement pour un frère bien aimé, soit pour un autre motif également cher à son cœur, son mari étant alors au service du grand homme, elle conservait précieusement ce gage d'amitié lorsque deux ans et demi après, lorsqu'elle était enceinte de cinq à six semaines, elle se vit contrainte par la force du plus pressant besoin, à échanger cette chère relique pour des objets de première nécessité. »

La foule avait afflué à Saulne, *aussi drue que jadis à Saint-Jacques de Compostelle ;* puis le petit phénomène avait été amené à Paris, présenté à l'Académie de Médecine, à M. Dupin, etc... Il avait reçu la visite de Mgr le duc d'Orléans et de sa respectable famille, de nombre de médecins y compris le baron Dupuytren, des maréchaux Soult, Marmont, Mortier, de Dupont de l'Eure, etc... La police s'était émue ; Joséphine et ses parents avaient passé la Manche, non sans quelques préalables tracasseries.

En Angleterre, l'enfant avait été la coqueluche de la haute société anglaise ; toute la Cour, y compris la jeune Reine Victoria avait voulu la voir. Les uns lui trouvaient à cinq ans l'aspect d'une jeune personne de dix-sept ans; « c'est presque une divinité » disaient les autres.

En 1829 elle arrivait à Bruxelles sous la conduite d'un manager.

Ce n'est là évidemment que de la très petite monnaie de l'histoire, mais il n'en est pas moins curieux d'observer les formes que revêtait, vers 1830, le culte napoléonien et le ton du sentiment populaire, aussi bien à l'Étranger qu'en France. Ne dirait-on point que l'Europe attendît alors un nouveau Messie? De là, pour les vieux soldats, à l'idée de s'associer, il n'y avait qu'un pas.

En Belgique, le terrain était tout prêt. De tout temps, l'association philanthropique s'était pratiquée dans les Ghildes, sociétés tenant de la corporation militaire et de la confrérie, dans les armées même. Un fort curieux médaillon en argent, de la collection Courtot, témoigne

MÉDAILLON DE FRÈRE D'ARMES (XVIIIe SIÈCLE)
(Communication de M. l'intendant général Courtot)

de l'ancienneté des groupements de frères d'armes dans les pays belges ou bataves ; l'origine exacte en est assez difficile à déterminer, bien qu'il s'agisse évidemment de troupes originaires de ces pays ; toujours est-il qu'on y trouve avec la date 1724 à l'avers, la légende : *Vera fides pietasque viris qui castra sequuntur* et au revers, les deux mains croisées et l'inscription *Ordre sociale — en tout fidelle (sic)*.

La plus ancienne société de combattants des armées impériales dont j'ai pu retrouver la trace est celle des *Vieux Soldats*, fondée à Bruges en 1815; encore, n'avait-elle pas un caractère exclusivement français ou napoléonien; mais les souvenirs de la première révolution brabançonne étaient trop vifs, pour qu'elle n'ait pas été inspirée aussi de ceux de nos Grandes Guerres. De plus, le dépôt des réfractaires du régiment de l'île de Walcheren avait employé nombre de vieux sous-officiers natifs des Flandres; ceux-ci s'étaient installés dans le pays après le licenciement, ils formèrent sans aucun doute le noyau de la Société de Bruges et, dès cette époque, sous le couvert de la *Philanthropie*, ils posaient les bases des Sociétés de Frères d'armes qui, dès 1837, et surtout après le retour des Cendres, parsemèrent le royaume de Belgique.

Dans les pays rhénans, avant 1834, il n'y eut pas à proprement parler de sociétés. Le *Gedenkbuch* de Sander, que j'aurai l'occasion de citer fréquemment dans le chapitre suivant n'eût pas manqué de les rappeler, s'il en eut existé. Les vieux soldats de la Révolution et de l'Empire n'en devaient pas moins se sentir les coudes. Vis-à-vis de leurs concitoyens, ils empruntaient quelque éclat de l'auréole napoléonienne, et les autorités devaient quelque peu compter avec l'influence des anciens vainqueurs de l'Europe. Dès 1830, dans les anciens départements de l'Empire, tout était prêt pour l'éclosion de groupements de vétérans qui, bien qu'ils aient tous inscrit, en tête de leurs statuts, qu'ils ne prétendaient que vivre dans le respect du souvenir, ne laissèrent pas d'entretenir, en même temps que le culte napoléonien, l'amour de la France considérée comme une mère patrie resplendissante de civilisation libératrice.

Il faut remarquer cependant que les Vétérans, aussi bien que les Frères d'armes, firent toujours preuve vis-à-vis de leurs souverains d'un parfait loyalisme et restèrent toujours, ce que ne firent pas en France les Débris des armées impériales, dans l'esprit tout philanthropique de leur institution.

Cette soumission à l'Autorité est bien de caractère germanique, mais les Rhénans n'étaient-ils pas fondés à ne pas considérer les traités de 1815 comme définitifs et la fidélité au gouvernement local était-elle exclusive de celle d'une fédération impériale qui, quarante ans plus tard, devait se réaliser sous de germaniques auspices?

CHAPITRE II

Vétérans rhénans et Frères d'armes belges avant 1840

C'est à Mayence que se fonda la première Société des combattants de l'Épopée; nulle autre ville d'Allemagne, d'ailleurs, n'avait été plus intimement mêlée, de 1792 à 1815, à la vie militaire de la France; nulle n'avait reçu davantage l'empreinte de sa civilisation. C'est à l'exemple de Mayence, place fédérale depuis 1815, que de 1834 à 1840, se fondent sur les bords du Rhin, douze sociétés qui semblent avoir formé sur la rive droite, une *Wacht am Rhein* des vétérans de l'Empire français.

Il semble que ces groupements, probablement en raison de leur loyalisme local et de la difficulté relative des communications, en raison aussi de la différence des langues, aient été quelque peu ignorés, en France. En 1842, M. de Temblaire écrivait dans la *Revue de l'Empire,* en parlant du mouvement qui avait suivi le retour des Cendres : « L'Allemagne rhénane se laissa gagner elle-même par cette pieuse contagion et bientôt Mayence, Cologne, Coblenz et Trèves eurent leur société de Frères d'armes. » Ceci est absolument faux et ne s'explique que par le manque de relations suivies entre l'Allemagne et la France d'alors. Peut-être aussi les deux mouvements belge et rhénan furent-ils indépendants l'un de l'autre. Il n'en est pas moins vrai que les Vétérans des bords du Rhin furent les premiers à se grouper.

J'ai eu, grâce à l'extrême obligeance de M. le bourgmestre de Mayence et de M. Velke, bibliothécaire en chef de cette ville, communication d'une plaquette, aujourd'hui rarissime, le *Gedenkbuch für die Veteranen aus der französischen Kaiserzeit herausgegeben von Heinrich Sander.* (1)

Ce petit mémorial édité à Mayence en 1844, à la librairie Hellermann, porte comme suscription cet extrait de la proclamation de Napoléon, le 1er mars 1815, traduit en allemand :

« *Lorsque dans votre vieillesse, vous serez considéré et entouré de vos concitoyens, et qu'ils écouteront avec admiration le récit de vos exploits, vous pourrez dire avec fierté : « Moi aussi, j'étais de cette grande armée qui deux fois entra « dans les murs de Vienne, dans ceux de Berlin, de Madrid et de Moscou.* »

L'ouvrage, après une adresse aux vétérans, dans laquelle l'auteur remercie particulièrement M. Rohr, président de ceux de Cologne, et Sthor, secrétaire de ceux de Frankenthal, du concours qu'ils lui ont apporté, contient deux parties dont la première n'est autre que la traduction allemande par H. Sander, du drame en six actes d'Alexandre Dumas : *Napoléon ou trente ans de l'Histoire de France.*

La seconde, de beaucoup la plus intéressante, contient le relevé des noms des Sociétés, de leurs membres et des Vétérans n'appartenant à aucune société, existant en 1844.

La lecture de ce petit livre qui semble avoir été écrit pour faciliter les rapports entre les vieux soldats en une sorte de compagnonnage, est poignante d'intérêt. Ce ne sont pas quatre sociétés comme le disait la *Revue de l'Empire,* qui se formèrent sur la rive gauche du Rhin, mais douze, dont neuf antérieurement au retour des Cendres.

Ce sont, dans le Palatinat bavarois, les trois *Veteranen-Vereine* de Frankenthal, Kaiserslautern, Zweibrücken ; dans la province grand-ducale de la Hesse rhénane, les quatre de Mayence, Geisenheim, Hechtsheim et Oppenheim ; et dans la province royale de la Prusse rhénane, les deux de Kreuznach et de Coblenz.

Si nous examinons dans le *Gedenkbuch,* le sommaire exposé des statuts, nous les trouvons partout analogues à ceux de la Société de Frankenthal.

1° Érection au cimetière de la ville d'un monument *(Denkmal)* à la mémoire des camarades morts au champ d'honneur ; 2° Entretien de ce monument ; 3° Soutien des participants *(Mitglieder)* nécessiteux ; 4° Funérailles solennelles des camarades décédés ; 5° Paiement des obsèques des camarades indigents.

Une réunion annuelle rassemble les vétérans : à Kaiserslautern le 15 août ; à Zweibrücken le Jour des Morts.

---

(1) *Mémorial pour les Vétérans de l'époque impériale française.* Publié par Heinrich Sander.

MONUMENT DES VÉTÉRANS ÉLEVÉ A MAYENCE EN 1834
(D'après une estampe communiquée par la Bibliothèque de la Ville)

De même, les inscriptions inscrites sur les monuments varient peu de celle du monument de Mayence, le premier érigé en date : (1)

« Den unter Napoleons Fahnen gefallenen Mainzern, weihen dieses Denkmal, 1834, ihre heimgekehrten Kriegskameraden.

---

(1) Aux Mayençais tombés sous les drapeaux de Napoléon, leurs camarades de guerre rentrés dans leurs foyers, consacrent ce monument.

Erigé sous la magistrature du bourgmestre Stephan Metz, membre des Vétérans Mayençais.

Pl. I

J. LEROY, ÉD., PARIS

« Errichtet unter dem Bürgermeisteramte des Stephan Metz Mitglied der Mainzer Veteranen. »

A Frankenthal, l'inscription témoigne de moins d'indépendance envers le souverain allemand. (1)

« Den in den Feldzügen des Jahres 1804 bis Ende 1813 gefallenen Kriegern aus Frankenthal, widmen dieses Denkmal ihre heimgekehrte Kameraden.

« Errichtet unter der Regierung Ludwigs der ersten Kœnigs von Bayern, von den unter der Fahnen Napoleons in der ehemaligen Kaiserl. franz. Armee, gedienten Frankenthaler-Veteranen-Vereins-Mitgliedern. Anno 1840. »

La Société mayençaise, la première fondée, fut de beaucoup la plus nombreuse et comprit, outre les 7 membres du bureau, 190 vétérans dont 63, d'après le *Gedenkbuch*, étaient déjà morts en 1844, et 35 membres d'honneur, tous notables, parmi lesquels le curé Merz, un capitaine de la gendarmerie grand-ducale, plusieurs médecins, etc.

Son monument fut élevé dès 1834. Voici comment il est décrit par une notice récente sur le cimetière de la ville :

« Monument des vétérans, de F. Scholl, — le plus ancien monument guerrier du cimetière, est un cube en grès de 5 mètres de haut, sur le sommet duquel se trouve un casque de cuirassier français (c'est un casque antique). Au-dessous de chaque côté l'Aigle française; sur le socle la médaille de Sainte-Hélène agrandie en bronze (ajoutée après 1858). Ce monument est entouré d'une grille en fer formée de glaives avec, aux quatre coins, des faisceaux de haches de sapeurs surmontées de bombes enflammées et d'un petit mortier à chaque angle. La pierre porte le nom en français de 262 vétérans, avec indication des grades et des régiments. »

J'ai relaté plus haut l'inscription de ce monument. A celle-ci s'en est ajoutée une autre.

« Pris en possession par la ville de Mayence, sous l'administration du maire administrateur Heinrich Gassner, en 1897. »

Ce n'est d'ailleurs pas le seul monument des Vétérans que les Municipalités des bords du Rhin tiennent à honneur d'entretenir aux yeux de la postérité. La photographie de celui de Mayence, d'après une estampe ancienne communiquée par la bibliothèque de la ville, donnera une idée de ce mausolée qui semble inspiré de celui de Desaix au pont de Stras-

(1) Aux combattants de Frankenthal tombés dans les campagnes de l'année 1804 à la fin de 1813, leurs camarades rentrés dans leurs foyers, consacrent ce monument.

Erigé sous le règne de Louis Ier de Bavière, par les Vétérans de Frankenthal, membres de la Société, ayant servi sous les drapeaux de Napoléon, dans l'ancienne armée impériale française. — Anno 1840.

bourg à Kehl, et dont ceux de Cologne, de Kaiserslautern, d'Oberolm, de Coblenz, ne furent que des répliques.

En dates, les sociétés du Palatinat et de la Hesse rhénane, formées après celle de Mayence et avant le retour des Cendres, se décomposent ainsi :

DATE	VILLE	MEMBRES DU BUREAU	MEMBRES	MEMBRES D'HONNEUR
Septembre 1834..	Kaiserslautern...	7	63	17
1er Octobre 1835.	Zweibrücken....	7	51	
1er Octobre 1835.	Oppenheim.....	5	32	
11 Septemb. 1835	Frankenthal.....	7	50	étrang. vét. 3 non vétér.. 60
10 Novemb. 1839	Geisenheim......	5	20	
25 Août 1839...	Hechtsheim.....	3	15	

Dans la Prusse rhénane, ce sont celles de Kreuznach, 1er août 1837, bureau 7, membres 30, et celle de Coblenz, formée le 25 décembre 1839, après des difficultés de tout genre, avec 9 membres au bureau, et 12 autres Vétérans.

Notons de suite que nulle part dans le *Gedenkbuch* il n'est question d'insignes qui eussent été difficilement tolérés en Allemagne.

Il m'a semblé intéressant de conserver au moins les noms des présidents des sociétés des Vétérans allemands.

« *Mayence*. — Metz, Stephan, conseiller de haute justice de la Hesse G. D., chevalier de l'Ordre G. D. et de l'Aigle rouge de Prusse, président à vie de la société. Entré au service comme volontaire le 6 août 1805, libéré le 20 décembre 1812 ; fourrier de grenadiers au 95e de ligne (division Oudinot). Campagnes 1809-11 : Autriche, Espagne, Portugal; batailles d'Almeida; blessé à San-Felice entre Almeida et Ciudad-Rodrigo et dans la retraite de Salamanque à Valladolid.

« *Kaiserslautern*. — Preismayer W., pensionnaire à Kaiserslautern, 36 ans, capitaine d'équipages militaires; campagnes : Allemagne (blocus de Mayence sous le général Custine).

« *Zweibrücken*. — Seel F., boulanger et aubergiste, 6 ans caporal au régiment des pupilles de la Garde impériale; bataille de Waterloo : 1 blessure.

« *Oppenheim*. — Schrœder Friedrich, 5 ans adjudant sous-officier au

2e lanciers de la Garde impériale; campagnes : de Saxe et de France en 1814 et 1815; chevalier de la Légion d'honneur.

« *Frankenthal.* — Santzlis J.-F.-H., économe de l'asile du Cercle de Frankenthal, 6 ans 1/2 sergent au 40e de ligne; campagnes 1808-11 : en Espagne, prise de Saragosse, batailles de Tudela, Villa-Garcia, prise d'Olivenza et de Badajoz, batailles d'Albuera et Rio Molina où il fut pris par les Anglais; 1812-14 : prisonnier en Portugal, Angleterre et Irlande : 2 blessures.

« *Geisenheim.* — Reuss Andréas, curé, président de la Société et membre de celle de Mayence, a servi 9 ans, en dernier lieu lieutenant en 1806, au 57e de ligne; en 1810, au 25e de ligne; en 1811, au 127e de ligne; campagnes : de 1806 en Prusse; 1807 en Pologne (où il reçut trois coups de feu); 1808 à la Grande Armée; 1809 Autriche; 1810 sur les Côtes du Nord; 1813-1814 à la Grande Armée; décoré de l'Ordre du Lys.

« *Hechtsheim.* — Lindenstruth P., contrôleur-supérieur G. D., 12 ans 1/2 lieutenant au 1er régiment de la Garde impériale; campagnes : de Prusse, Pologne, Autriche, Russie, Saxe et France; batailles de Graudenz, Friedland, Aspern, Krasnoï, Leipzig; chevalier de la Légion d'honneur, de l'Ordre G. D. de Hesse; décoré de la Médaille d'honneur G. D.

« *Kreuznach.* — Moritz Bernard, maître-cordonnier, 9 ans 1/2 dragon au 4e régiment et grenadier à pied de la vieille Garde; campagnes : Prusse, Pologne, Espagne, Allemagne et France : 3 blessures.

« *Coblenz.* — Simon Carl, notaire royal prussien, conseiller de la ville, 1 an cuirassier au 12e régiment. »

On voit combien ce mouvement antérieur au retour des Cendres avait pris d'importance dans le Palatinat et dans la Hesse surtout : peut-être en aurait-il eu davantage dans la province rhénane de Prusse, si le gouvernement royal l'eût toléré. J'aurai à reparler des sociétés rhénanes, après le retour des Cendres.

En Belgique, la première société qui se fonda fut : l'*Association philanthropique des Frères d'Armes belges de l'Empire français.* Ce fut la seule antérieure à 1840.

La *Revue de l'Empire,* que j'aurai fréquente occasion de citer, consacra aux frères d'armes bruxellois, en 1842 (2e année), un assez long article de M. Charles-Édouard Temblaire Roger de Belloguet, son directeur-rédacteur, que je crois, malgré sa longueur, devoir reproduire, par ce fait qu'il expose l'intime *compagnonnage* de la Belgique et la France, en même temps que l'état d'âme des fervents napoléonistes.

« Le sentiment de notre gloire nationale n'est pas éteint, Dieu merci, dans les cœurs français. Que les vertus politiques s'attiédissent, que la ferveur des esprits et des âmes se tourne vers les intérêts privés, que l'indifférence en matière publique corrompe peu à peu les sources du patriotisme, il nous reste encore pour nous ranimer, pour nous redonner le feu du citoyen, pour nous rendre une âme vraiment française, le sentiment de la gloire nationale, le souvenir de nos grandes batailles, le nom de Napoléon. A ce nom, les plus froids, les plus détachés de la chose publique sentent quelque chose battre dans leur poitrine; ce nom semble être celui même de la Patrie victorieuse et triomphante : celui de la France mise par-dessus le reste des Nations. Ce nom, mieux qu'autrefois la présence de Louis XIV, suffirait à mettre tout Paris en armes, si le pays était menacé, si on appelait à sa défense les petits-enfants de Marengo et de Wagram.

« Unissons-nous donc de cœur, à l'association généreuse de nos Frères d'armes de la Belgique. La Belgique a été vingt ans française au plus beau temps de notre histoire. Elle nous a aidés de son bras à conquérir cette gloire incomparable de la République et de l'Empire; elle a scellé de son sang sa fraternité avec nous et notre soleil d'Austerlitz est aussi le sien; jusqu'au dernier moment elle a combattu dans nos rangs; puis, violemment arrachée du trône de la mère-patrie, elle nous est restée fidèle par le cœur, française encore après en avoir perdu le nom. C'est la Belgique, ne l'oubliez pas, qui recueillit Lamarque, Cambacérès, Drouot, Lavalette, Drouet, Excelmans, Alix et les autres vaincus de Waterloo. C'est elle qui offrit à tous ces nobles proscrits, un asile, une autre patrie et du pain qui n'était pas celui de l'étranger.

« Aujourd'hui encore, plus d'un sabre d'honneur est pendu aux murailles enfumées des chaumières belges, plus d'un vieux ruban rouge terni par les années, brille sur la blouse du paysan brabançon. Le vieux soldat a gardé précieusement, là-bas comme chez nous, les débris de son ancien uniforme, précieuse relique, vivant souvenir des immortelles campagnes, tout auprès de l'image de l'Empereur. Longtemps on parlera de lui en Belgique, comme en France; longtemps les vétérans belges, comme les nôtres, nommeront dans leurs récits, Ney, Murat, Desaix, Vandamme, Dumonceau, les frères Duvivier, Guigny ce vaillant hussard que l'Empereur appelait *le brave*, de Lafontaine, colonel à vingt-sept ans, et tant d'autres enfants de la Belgique qui ont paru avec honneur sur les grands champs de bataille et marché à la victoire du même pas que les plus glorieux enfants de la France.

« En 1838, à Bruxelles, quelques-uns de ces vieux soldats conçurent l'idée d'une association napoléonienne. Un projet fut aussitôt discuté et de nombreuses voix répondirent à ce glorieux et touchant appel.

« Le baron de Stassaërt, sénateur, distingué jadis par l'Empereur, sentit encore battre là ses grands souvenirs; il aida de tout son crédit, de toute la popularité de son nom, l'œuvre de l'association et en accepta la présidence d'honneur qui lui fut conférée par plus de trois cent cinquante vieux soldats de la République et de l'Empire.

« La première séance dans laquelle l'association se constitua eut lieu le 25 juillet 1838. Un vaste local avait été loué pour la réunion des nouveaux associés; on l'orna de drapeaux et d'emblèmes qui rappelaient la *grande époque*. Au-dessus du bureau des membres du conseil d'administration, on plaça une aigle d'or sur une palme, ses vastes ailes déployées, et la tête tournée vers la couronne impériale qui est suspendue dans l'air au milieu d'une brillante auréole; au-dessous, dans un cadre magnifique, l'image de l'Empereur; c'est la gravure, grande comme nature, d'un beau portrait de Napoléon, par David.

« L'attitude en est gracieuse et douce, le regard plein de sérénité, et la bouche semble sourire à ses vieux et fidèles compagnons d'armes réunis en son nom et à sa mémoire.

« L'Aigle de France se croise derrière le portrait avec le drapeau national aux couleurs brabançonnes. Le buste du roi Léopold orne l'un des panneaux de la salle où sont attachés les portraits de Kléber, Desaix, etc... On y voit aussi sur un socle, et couronné d'immortelles, le buste de Béranger, le *chantre* de la Grande Armée.

« Voici le serment que prêtent les frères d'armes de l'association :

« *Je jure, sur l'honneur et sur les Cendres de l'Empereur Napoléon, union*
« *et fraternité à tous nos anciens Frères d'armes membres de la Société. Je jure*
« *de maintenir les statuts par tous les moyens légaux, comme loi de notre asso-*
« *ciation.*

« *Je promets sur l'honneur de ne m'en écarter jamais.* »

« La déclaration de principes est plus touchante encore :

HONNEUR — FIDÉLITÉ — FRATERNITÉ

ART. I. — *Tu honoreras la mémoire de ton Empereur.*
— II. — *Tu ne feras rien qui puisse la blesser.*
— III. — *Tu penseras à lui; ses cendres te seront chères.*
— IV. — *Tu respecteras tes vieilles couleurs.*
— V. — *Tu salueras ton vieil Aigle.*
— VI. — *Tu t'inclineras devant ton drapeau.*

« Le but de l'association est tout philanthropique. Sur une caisse entrenue par le prix des entrées et une rétribution mensuelle, des secours sont donnés aux vieux soldats nécessiteux, *qu'ils fassent ou non partie de l'association*.

« Un médecin distingué, attaché à la Société, donne gratuitement ses soins sur les réquisitions du conseil d'administration; les frais des médicaments sont supportés par la caisse.

« Au 15 août, jour anniversaire de l'Empereur, un banquet, suivi d'un bal, réunit tous les membres de la confrérie napoléonienne.

« Le 5 mai est aussi une solennité pour ces vieux soldats. Un service est célébré; tous les membres s'y rendent en corps, tambour en tête, l'Aigle garnie d'un long crêpe de deuil. Sur le passage du cortège, les postes prennent les armes, la foule se range avec respect et se découvre devant ces glorieux débris de la vieille Armée. Dans l'église est dressé un haut catafalque que surmontent le petit chapeau, l'épée et le grand cordon de la Légion d'honneur.

« Autour du cercueil sont attachées des plaques funéraires portant les noms des frères d'armes qui sont morts dans l'année. Ainsi, le culte du souvenir s'associe à la fraternité et la religion de la gloire passée au soulagement des misères présentes.

« Le nom de Napoléon décore cette œuvre de charité; le trône de l'aumône est couronné des palmes d'Austerlitz et c'est en mémoire des champs de bataille que les Frères d'armes pratiquent la philanthropie, touchante alliance des sentiments les plus opposés, accord pour le bien des idées les plus opposées, fier et triste spectacle d'un dévouement inaltérable et d'une fidélité de cœur que nous ne connaissons plus! précieux modèle pour ceux qui aiment leur pays, et qui ne rougissent point encore des vertus patriotiques.

« L'association de Bruxelles a porté ses fruits..... »

A la suite, la *Revue de l'Empire* donnait quelques détails biographiques sur le doyen d'âge de la société de Bruxelles. Pierre-Joseph Deremme, natif de Mons, soldat au service de l'Autriche avant la Révolution, était passé à celui de la Liberté en 1792 et avait fait, comme dragon, les campagnes du Rhin et les premières d'Italie; il avait été en Égypte et en Syrie, et d'après notre auteur, avait reçu un sabre d'honneur. (1)

En 1813, arrivé au grade de capitaine, il avait été fait prisonnier lors de la capitulation de Dantzick; puis, rentré en France en octobre 1814, il avait combattu à Ligny et à Waterloo, où un coup de pistolet lui avait fracassé la mâchoire. Ce n'était pas d'ailleurs le seul Belge qui, ce jour-là,

(1) Ici je relève une légère erreur; c'est sabre de *récompense nationale* qu'il faut lire. La confusion est fréquente et facilement explicable entre les armes que décernèrent, soit le Directoire, soit le ministre de la guerre, soit aussi Bonaparte en Italie, et celles que visa l'arrêté du 4 nivôse an VII. Il est bon de remarquer que les premières, en l'an X, ne donnèrent pas accès de droit dans les Cohortes de la Légion d'honneur, et de fait, Deremme ne fut pas compris dans la liste des légionnaires de droit, mais dans la promotion du 25 prairial an XIII, comme maréchal des logis au 20ᵉ dragons.

1792. 1815.

Association Belge philanthropique

DES

FRÈRES D'ARMES DE L'EMPIRE FRANÇAIS,

INSTITUÉE À BRUXELLES, LE 12 JUILLET [illegible].

BREVET D'ADMISSION

COMME

MEMBRE DE L'ASSOCIATION ET DE LA DÉCORATION DE L'ÉTOILE DE LA LÉGION BELGE DE L'EMPIRE,

POUR LES VIEUX SERVICES ET LA FIDÉLITÉ AUX SOUVENIRS.

Nous, Emmanuel-Servais MANCEL, Président de l'Association-Belge-Philanthropique des Frères d'Armes de l'Empire, etc., Vice-Présidents et Membres du Conseil d'administration, soussignés, fondateurs de l'association.

Vu les pièces produites par le sieur [illegible] desquelles il conste qu'il a servi avec honneur sous les drapeaux de l'Empire et a quitté honorablement le service militaire, le [illegible] ce qui lui a valu l'estime de ses anciens frères d'armes.

En vertu des pouvoirs qui nous ont été conférés en assemblées générales des 12 juillet et 13 août [illegible].

Déclarons que le sieur [illegible] a été reçu, par nous, Membre [illegible] de l'Association Belge-Philanthropique des Frères d'Armes de l'Empire français, institué à Bruxelles, et qu'en cette qualité, en récompense de son dévouement à la mémoire de l'Empereur NAPOLÉON, nous l'avons décoré de l'Étoile belge de l'Empire. — Décoration suspendue à un ruban rouge feu, traversé d'une ligne noire, surmontée de la couronne impériale ; conformément au titre unique des Statuts. —

En foi de quoi nous lui avons délivré le présent brevet, signé par nous, et revêtu du sceau de l'Association.

Bruxelles, le [illegible]

Le Président, [illegible]

Le Secrétaire, [illegible]

N° 50

BREVET DES FRÈRES D'ARMES DE BRUXELLES

eût combattu dans les rangs français et qui, comme lui, lors du retour des Cendres, tint à se rendre à Paris en députation des Frères d'armes.

On trouve encore, dans la *Revue de l'Empire*, en 1845, au cours d'une lettre de M. Richard de Querelles, dont il sera encore question plus loin, quelques intéressants détails sur la salle des réunions transformée en une sorte d'exposition d'ex-voto militaires :

« Le vieux drapeau à l'Aigle ornée d'une croix de légionnaire flottait sur la tête de l'Empereur, et tout autour de son image radieuse, au milieu de lauriers entrelacés, étaient suspendus des hommages touchants faits au Dieu de la Patrie, croix, médailles, cocardes, plumets, plaques et cordons de shakos, boutons d'uniforme, sabres, dragonnes, etc..., ex-voto de soldats pèlerins qui avaient visité le dernier et pieux cantonnement.

« J'avais été assez heureux de pouvoir disposer de cheveux de l'Empereur en faveur de nos amis. Ils furent placés sur un socle, au milieu de la salle des séances, couverts d'un globe en verre. Chaque jour apporte de pieux hommages à ces restes vénérés. »

Hélas, ce petit musée de l'Armée impériale a disparu sans laisser de traces, mais grâce à l'obligeance d'un érudit compatriote de Deremme, M. E. Jordens, que passionne l'étude de la période franco-belge, j'ai pu compléter l'histoire de la Société des Frères d'armes qui figura, jusqu'en 1880, sur l'*Almanach du Commerce de Bruxelles*.

Elle s'était établie Grand-Place. La cotisation mensuelle était de un franc, non compris les amendes.

D'après les Archives communales de la Ville, elle comprenait encore à la date du 4 mars 1849, cent trente membres. Ses ressources étaient alors de 1.560 francs, et ses dépenses pour l'exercice 1848 avaient été :

« Pour location, appointements du bedeau et autres . . Fr.	580 »
« Pour enterrements, services funèbres, secours aux malades les plus nécessiteux	450 »
« Pour quatre fêtes dans l'année : le 5 mai, service funèbre en commémoration de la mort de Napoléon ; le 15 août, fête de l'Empereur ; le 25 du même mois, fête de S. M. la Reine, de même que la fête de S. M. le Roi, ainsi qu'un grand nombre de dépenses extraordinaires	470 »
Total. . . . . Fr.	1.500 »

« Fait en double le 4 mars 1849.

« Pour le Président, le Secrétaire,
« MALHERBE. »

Un autre état plus détaillé, en date du 2 juillet, fait ressortir qu'il avait été alloué sept secours, dépensé 82 francs de médicaments,

346 francs d'enterrements. Les frais de médecin avaient été nuls, grâce au désintéressement de celui qui soignait les Frères d'armes.

Il sera encore question plus loin de la Société de Bruxelles, au sujet des enterrements et de la régularisation de ses statuts, sujets communs à toutes les Sociétés belges formées, après 1840, à son imitation.

L'association belge de Secours mutuels
des anciens Frères d'armes de l'Empire Français
fait part de la mort de
JEAN JACQUES WAECHTER,
Brigadier au 5me Régiment de Hussards décédé le 23 Juillet 1860, à l'âge de 70 ans, muni des secours de la religion.
L'enterrement aura lieu avec les honneurs militaires de l'association le Jeudi 26 courant, à 10 heures, en l'Église de St Jacques sur Caudenberg.
On se réunira à 9½ heures précises.
(R. I. P.)

BILLET DE FAIRE PART DU DÉCÈS D'UN FRÈRE D'ARMES DE BRUXELLES
(Communication de M. Rœpel)

CHAPITRE III

Le retour des Cendres

L'année 1840 marqua l'apogée de la monarchie parlementaire. L'insuccès de l'échauffourée de Boulogne, terminée par une fuite éperdue et quelque peu ridicule à travers les champs où s'étaient élevés les camps de la Grande-Armée, lors de la *grande expédition,* avait été consacré par la condamnation de Charles-Louis Bonaparte à l'emprisonnement perpétuel que la Chambre des Pairs lui avait infligée le 6 octobre. Qui eût pu penser alors que le fils de l'ex-roi de Hollande pût ravir la couronne au duc d'Orléans ? Les campagnes d'Algérie, où les fils du *roi des Français* faisaient œuvre de vaillants soldats, les menaces même de conflagration européenne, semblaient les plus sûrs garants du trône parlementaire, et le retour des Cendres, qu'avait négocié le ministère Thiers, était destiné à consolider encore une monarchie à laquelle le dévouement de la bourgeoisie censitaire paraissait acquis d'une manière absolue.

Le duc de Joinville avait quitté Toulon à bord de la *Belle-Poule* le 7 juillet ; le 14 décembre, la *Dorade n° 3,* portant le cercueil de Napoléon, s'était amarrée au pont de Neuilly ; le 15, dès cinq heures du matin, le rappel battant à tous les coins de Paris annonçait la solennité qui, certes, eut dans le cours du XIXe siècle le plus grand retentissement.

Il nous suffit de considérer à combien d'objets d'usage familier cet événement donna naissance, pour nous rendre compte du frémissement de l'âme populaire française. Depuis 1815 exilé, Napoléon rentrait en la capitale de son Empire et, avec lui, tous les souvenirs de gloire de 1792 à 1815 qui en faisaient un héros, tandis que ceux de sa douloureuse captivité l'auréolaient du martyre.

Sur la porte rarement ouverte qui donne accès dans la crypte du Dôme des Invalides, on lit ces mots : « *Je désire que mes cendres reposent sur les bords de la Seine, au milieu de ce peuple français que j'ai tant aimé.* »

Ce n'est point absolument là, la dernière pensée de Napoléon; ces paroles ne forment que l'article Ier de son testament, au cours duquel la pensée du chef se porte souvent sur ses compagnons d'armes.

« Je lègue mon domaine privé, moitié aux officiers et soldats qui restent de l'armée française, qui ont combattu de 1792 à 1815 pour la gloire et l'indépendance de la nation; la répartition en sera faite au prorata des appointements d'activité; moitié aux villes et campagnes qui auront souffert par l'une ou l'autre invasion. »

Puis plus loin, dans le codicille :

« Pour être réparti entre les proscrits qui errent en pays étranger, français ou italiens, belges ou espagnols, ou des départements du Rhin, sur ordonnance de mes exécuteurs testamentaires — cent mille francs. »

La dernière pensée de Napoléon fut celle que parurent exprimer ses dernières paroles recueillies dans le délire de l'agonie :

Tête — Armée

et ce fut la devise que prirent, en 1840, plusieurs sociétés; l'une, dont malheureusement je n'ai pu retrouver la trace, l'inscrivit sur son drapeau :

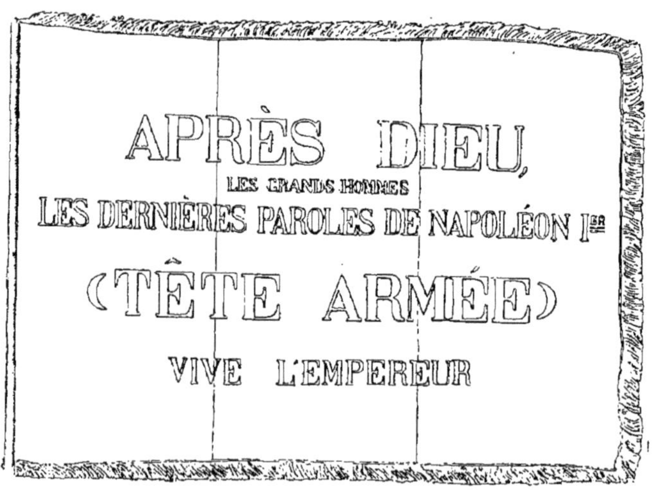

Ces mots parurent quelque peu inintelligibles plus tard, et la médaille de Sainte-Hélène, en 1857, ne conserva trace que de la dernière pensée.

Je ne puis m'arrêter à décrire le prestigieux cortège du retour des Cendres au milieu duquel la réapparition des uniformes de la Grande-Armée évoqua, de façon vivante et tragique, le souvenir des gloires passées.

On lit dans le *Moniteur* du 16 décembre 1840 :

« Dès le point du jour sont arrivés à Courbevoie, le comte Alfred de Montesquiou et le baron Dumoulin, revêtus de leur ancien uniforme d'officier d'ordonnance de l'Empereur; ils ont été admis aussitôt, sur le pont de la *Dorade*, à présenter leurs félicitations aux généraux Bertrand et Gourgaud, qui leur ont témoigné une vive satisfaction du pieux empressement qu'ils avaient mis à s'agenouiller devant les restes précieux de l'Empereur.

« L'arrivée de ces deux officiers a été suivie de celle des généraux Duchanet et Moline de Saint-Yon, du lieutenant-général Cubières revêtu de son uniforme du 1er léger, régiment qu'il commandait à Waterloo; de Loubers, colonel de la 3e légion de la garde nationale, portant le costume de major du bataillon de l'île d'Elbe. Bientôt après, se sont présentés plusieurs officiers et soldats polonais..... »

« On accueillait avec vénération, dit *Le Temps*, le lendemain de la cérémonie, les soldats de la vieille Garde; ces débris étaient comme une évocation. On revoyait tous les uniformes de la Grande-Armée. Deux mameluks ont fait croire à la présence de Roustan; il n'a point paru; la fidélité doit seule se montrer aux funérailles.

« Nous avons appris que le général Flahaut avait habillé à ses frais un grand nombre de soldats trop pauvres pour y subvenir de leurs deniers. Le prince Czarowski a agi avec la même générosité vis-à-vis de plusieurs Polonais de ses compatriotes : ceux-là surtout avaient les prédilections de la foule; on se montrait deux marins de la vieille Garde en grande tenue.

« Au nombre des vieux soldats accourus et groupés autour des restes de leur général, on remarquait M. Despans de Cubières, un des ministres du dernier cabinet; il portait l'uniforme de colonel d'infanterie légère du temps de l'Empire; dans la nef des Invalides, l'arrivée du corps produisit une impression générale et profonde. Les vieux guerriers étaient là, mornes et tristes et cependant prêts à accueillir avec les plus vives démonstrations de tendresse le souvenir mortel de leur chef.

« Ce qui reste des grenadiers de l'Ile d'Elbe, ces vestiges fidèles, n'a pu obtenir une place réservée. De la part du programme, c'est une odieuse ingratitude. »

Le 17, on lit dans le même journal :

« L'ordre du jour additionnel du maréchal Gérard ayant appelé Messieurs les officiers polonais à assister au cortège funèbre, plusieurs généraux et officiers de tout grade ont suivi le char avec les vétérans de la Garde impériale. Entr'autres on a remarqué les généraux Dwerniski, Sieraski, Ganwrenski, Mycielski.

« Pendant le passage, toutes les légions de la Garde nationale et le peuple saluaient ces frères d'armes par des cris pleins d'enthousiasme.

« Les branches de laurier que tous les débris de la vieille armée avaient à leur boutonnière le jour du convoi, provenaient du bateau qui a amené le corps de Napoléon. Aussitôt après la translation du cercueil dans le char, ils ont envahi le bateau et se sont distribué, comme de précieuses reliques, une palme des guirlandes qui ornaient la *Dorade*. »

J'aurai lieu de revenir plus loin sur l'exhibition des anciens uniformes, d'exposer comment, par la suite, elle inquiéta le Gouvernement ; on voit combien, le 15 décembre 1840, elle frappa l'imagination populaire.

Le résultat le plus intéressant, au point de vue de cette étude, fut le groupement des anciens soldats de la Révolution et de l'Empire en sociétés philanthropiques.

« Le nombre des Belges était considérable, dit le *Moniteur universel* du 27 décembre, reproduisant un article du *Moniteur belge*. De toutes nos villes les vétérans de l'Empire ont envoyé des députations. »

De Bruxelles surtout, les Frères d'armes de l'Empire français étaient venus en grand nombre ; leur doyen, capitaine Deremme, à leur tête. Ils ne manquèrent pas de parler de leur association philanthropique, des bienfaits de la mutualité. L'idée de secours mutuel était chose assez nouvelle en France alors, mais elle dut séduire les survivants des armées impériales dont beaucoup, déjà, franchissaient le seuil de la vieillesse. La création de la société des *Débris des armées impériales* à Paris, des sociétés belges et rhénanes imitées de celle de Bruxelles, fut la conséquence immédiate du retour des Cendres.

A Paris même, depuis 1831, il existait d'autres sociétés de frères d'armes, victimes aussi d'autres révolutions, les Polonais qui en Suisse, en France, avaient fondé des colonies de réfugiés, en espérant toujours un retour en la mère-patrie. L'histoire des colonies polonaises n'est pas du cadre de cette étude : toujours est-il que les anciens soldats qui en faisaient partie furent des plus actifs parmi les Frères d'armes de l'Empire français et qu'ils associèrent le culte de la patrie perdue à celui de Napoléon, les symbolisant dans les couleurs du *Virtuti militari* et de la *Légion d'honneur*.

Il faudrait être très vieux Parisien pour se rappeler, au-dessus des jardins de Tivoli, entre la rue d'Amsterdam et la place de l'Europe, un peu au-dessous de la rue de Berlin, la Petite Pologne, mais aux Batignolles, l'église Sainte-Marie et la mairie conservent en leurs archives de nombreuses traces des sociétés fraternelles qui se réclamèrent en même temps de l'Aigle blanche et de l'Aigle impériale.

Désormais, les vieux soldats vont se trouver en uniforme, aux anniversaires napoléoniens, les 5 mai et les 15 août, non seulement à Paris, mais en province, faisant ainsi au prétendant une réclame que le Gouvernement de Juillet est forcé de tolérer.

A Boulogne, le 15 août 1841, la statue de Napoléon par Bosio est placée sur le piédestal gigantesque que lui a élevé en l'an XIII la Grande-Armée, la colonne Napoleone.

D'après un petit opuscule, écrit alors par M. Joachim Ambert (1), capitaine au 8e hussards, la fête réunit les gardes nationales de tous les départements environnants. Le cortège était précédé de cent bannières portant les noms des communes de l'arrondissement, accompagnées des maires ceints de leur écharpe.

Aux porte-bannières succédaient les Débris des marins de la Garde, corps d'impérissable mémoire auquel l'arrondissement avait fourni, lors de la formation de l'an XII, huit Calaisiens, quinze Boulonnais, cinq Étaplois.

Ils accompagnaient une riche bannière sur laquelle étaient inscrits les mots : *Marins de la Garde impériale.*

Celui qui la porte est revêtu de son costume légendaire ainsi qu'un sergent. Au milieu d'eux s'avance avec peine un soldat de la Garde, mutilé à Waterloo, qui a conservé comme une précieuse relique l'uniforme qu'il portait lorsqu'il fut frappé sur le champ de bataille. Ces braves inspirent aux spectateurs une sainte vénération.

A l'arrivée du cortège, le maire de Boulogne offre une couronne au général Corbineau, en souvenir des bienfaits dont l'Empereur a comblé la ville, Corbineau est le représentant de l'Empereur, mais Napoléon est lui-même présent non seulement par sa statue, mais par un de ses légendaires petits chapeaux retrouvés au fond d'une armoire de ce château du Pont-de-Briques où il a élaboré le plan de la campagne d'Austerlitz après celui de la Grande-Expédition et cette relique est portée sur un char que surmonte une Renommée.

Le Gouvernement de Louis-Philippe se rend-il bien compte des dangers qu'il court, en autorisant ainsi le rappel des souvenirs napoléoniens, cependant que Charles-Louis-Napoléon est interné au château de Ham, dont il ne devait s'évader que le 5 mai 1846? En 1841, il ne semble pas s'apercevoir qu'il joue avec le feu, que bientôt il ne sera plus maître d'un incendie que des mesures mesquines et vexatoires aviveront encore. A partir du retour des Cendres, tandis que l'idée napoléonienne se réveille, son impopularité va croissant, son attitude devant l'étranger fait encore penser davantage aux temps glorieux. La mort du duc d'Orléans lui porte le coup fatal.

---

(1) Auteur des Esquisses historiques des différents corps de l'armée française.

CHAPITRE IV

En France après le retour des Cendres

D'après le journal *La Colonne,* quelque temps après la cérémonie du 15 décembre, un sieur Gaspard Judas, dit Lamy, entreprit d'organiser une Société des anciens militaires sur le modèle de celles qui existaient déjà en Belgique. Une demande fut présentée à l'Autorité qui permit cette association, après toutefois s'être assuré le moyen de connaître tout ce qui se passerait dans la réunion des anciens soldats de l'Empire.

Le but ostensible de la société était de subvenir, au moyen d'une minime cotisation, au soulagement des vétérans malades et tombés dans la misère, et ce fut dans cette intention que plusieurs personnes riches firent partie de l'association.

Il est à remarquer qu'il n'est, à cette époque, aucune loi sur les sociétés de secours mutuels, partant, aucune reconnaissance d'utilité publique et les associations philanthropiques existent, non d'après une reconnaissance légale précédée d'un dépôt de leurs statuts, mais de par la tolérance gouvernementale et une autorisation toujours révocable.

Quelle était en 1841 la situation de la monarchie de Juillet vis-à-vis des menées bonapartistes ? Les deux tentatives de Charles-Louis-Napoléon à Strasbourg et à Boulogne étaient antérieures au retour des Cendres. La dernière avait eu lieu le 6 août 1840 ; peut-être avait-elle paru moins inquiétante que la première, car l'armée ne s'y était guère associée ; le procès s'était ouvert le 23 septembre devant la Chambre des Pairs. Je n'en rappellerai pas les détails, le manifeste du prétendant ou la plaidoirie de Berryer.

Mais Charles-Louis Bonaparte, condamné à l'emprisonnement perpétuel, devenait autrement redoutable pour la monarchie parlementaire, que

Pl. II

J. LEROY, ÉDIT., PARIS

du temps où il était un turbulent exilé. La Chambre des Pairs l'avait ainsi consacré Prétendant.

Aussi, dès 1841, le Gouvernement de Juillet se trouvait en assez bizarre posture, honorant d'une part la mémoire de Napoléon Ier, *en qui M. Thiers reconnaissait un souverain légitime*, et de l'autre, retenant prisonnier dans une enceinte fortifiée, son neveu qui, d'après le sénatus-consulte du 28 floréal an XII et le vote de l'armée et de la nation, était son légitime héritier.

Les Cendres de Napoléon, les vieux soldats aux légendaires uniformes, ainsi que le prisonnier de Ham, allaient devenir singulièrement embarrassants.

La société philanthropique des Débris de l'Armée impériale avait pris corps au début de l'année 1841. Ses premières manifestations furent de célébrer avec pompe les anniversaires des 5 mai, 15 août et 15 décembre.

On lit dans la *Revue de l'Empire* (2e année 1842) :

« Le troisième anniversaire de la translation des restes mortels de l'Empereur avait réuni, le 15 décembre, dans la chapelle des Invalides quelques-uns de ceux qui ont conservé pour sa mémoire un culte pieux. Dans le nombre nous avons remarqué, monsieur le maréchal duc de Reggio gouverneur des Invalides, les généraux Petit et Gourgaud, le baron de Menneval, le fidèle Marchand, le fils du noble baron Larrey.

« A côté d'eux brillaient quelques uniformes de l'Empire. C'étaient les membres de la société des Débris de l'armée impériale. L'attitude de ces braves défenseurs de la France, réunis sur une tombe pour payer le tribut de leurs hommages à leur Empereur, était empreinte d'un sentiment religieux qui a vivement impressionné les assistants.

« Pourtant, nous le disons à regret, bien des noms manquaient à l'appel. Il est vrai que les ordonnateurs de cette pieuse cérémonie semblaient avoir pris à tâche d'étouffer l'enthousiasme. Nous n'en voulons d'autre preuve que l'heure matinale indiquée pour le service qui, annoncé à huit heures, avait mis tous les assistants dans la nécessité de se lever avant le jour. Le choix d'une heure plus convenable eût rendu l'assistance plus nombreuse.

« Le soir, les nobles Débris de l'Empire se réunissaient pour fêter ce troisième anniversaire, les uns sous la présidence des lieutenants-généraux comte Schramm et Gourgaud, les autres sous celle de M. Lamy, président de la Société.

« Les marques de la plus touchante sympathie ont accueilli le discours prononcé par le général Schramm et le toast du général Gourgaud.

« Au banquet de la société des Débris de l'armée impériale plusieurs toasts ont été également portés, d'abord au roi, puis au prince de Joinville qui a eu la gloire de ramener en France les restes sacrés du grand Empereur, à la vieille et à la jeune France, au peuple français, etc... »

Mais, sous l'influence de la chaleur communicative des banquets, les choses se gâtent.

Le banquet touchait à sa fin, lorsqu'un des membres, s'étant levé, dit d'une voix pleine d'émotion en promenant ses regards sur l'assemblée :

« Ne nous séparons pas, messieurs, sans donner un souvenir à l'exil, à tous ceux qui portent le grand nom de Bonaparte. »

Comme on le devine, ce toast a été accueilli par de vives acclamations.

« Puisse cet hommage de notre vieille armée, adoucir un peu l'isolement de ces nobles proscrits ! Qu'ils sachent bien que tout ce qui porte parmi nous une âme généreuse, les entoure d'une sainte vénération.

« Oui, la France est fidèle au souvenir des grandeurs de l'Empire. Le culte qu'elle voue au puissant génie qui entoura son nom d'une si brillante auréole de gloire : ce culte est vivant dans son cœur, et tant qu'il existera un héritier du nom de Bonaparte, il y aura toujours en France des sympathies ou des larmes pour sa bonne ou sa mauvaise fortune. »

Le dimanche 5 mai 1843, les Débris s'en furent au service funèbre célébré en la chapelle de l'Hôtel, auquel assistaient encore tous les fidèles de l'Empire.

« Une députation nombreuse de la Société des Débris de l'armée impériale attirait les regards par ses uniformes noircis de la fumée des batailles.

« Le public ne contemplait pas sans un vif sentiment d'intérêt ces corps meurtris par la mitraille, ces figures blasonnées par le fer, qui venaient s'agenouiller sur les dalles du temple et prier pour leur Empereur mort et pour leur patrie vivante. »

On a vu plus haut ce qu'il faut penser de quelques-uns au moins de ces uniformes, tantôt brillants, tantôt ternis de la fumée des batailles, et qui la plupart avaient été achetés dans un autre *temple*. Le général Flahaut, en 1840, en avait payé quelques-uns.

Les choses se gâtaient de plus en plus.

« A l'issue de la cérémonie qui s'est passée au milieu du profond recueillement et d'une éloquente douleur, un grand nombre de vieux militaires qui font partie de la société des Débris de l'armée impériale se présentaient dans les bureaux de la *Revue de l'Empire*, pour signer la pétition de la Chambre des députés concernant le rappel de la famille de l'Empereur.

« Ces braves couronnaient ainsi par une démarche patriotique, une journée consacrée en quelque sorte à l'apothéose religieuse de leur général et de leur Empereur. »

Cette démarche devait être d'autant plus désagréable au Gouvernement que les pétitions d'allure bonapartiste se succédaient. En 1847, le 27 mars, les sieurs Lullier et Degaste avaient demandé le rétablissement de l'effigie de Napoléon *qui repose sous le Dôme des Invalides* sur le médaillon de la Légion d'honneur, à la place de celle d'Henri IV qui constitue un *non sens*, et le rappel des Bonaparte. Ces pétitions avaient donné lieu à la Chambre à d'orageuses discussions et le parti gouvernemental couchait tout juste sur ses positions.

Le sieur Lamy, président de la Société, ne perdait pas une occasion d'exhiber les uniformes impériaux, si bien qu'en 1846 *La Colonne* le lui reprochait avec aigreur.

« Bientôt la philanthropie fut abandonnée. Le sieur Judas, qui s'était fait nommer président de la Société, entretenait les membres dans des dépenses continuelles.

« A chaque instant, il invoquait de nouveaux banquets, de nouvelles promenades, dérangeait des hommes qui avaient besoin de travailler pour vivre, dans le but de les faire parader à son contentement personnel. Il avait de plus, imposé à chaque membre, de se procurer un uniforme de l'armée impériale, ce qui fit dépenser à quelques-uns de trois à quatre cents francs. »

De fait, la Société ne manquait pas une occasion d'affirmer ses sentiments pour tout ce qui touchait à la famille Bonaparte. Ainsi, le 25 mai 1844, un service ayant été célébré en l'église de Rueil, à la mémoire de *l'Impératrice répudiée,* une députation de la Société se joignit aux fidèles serviteurs et aux cultivateurs qui rendaient hommage à la *Bonne Joséphine. (Revue de l'Empire.)* Lamy offrait son concours à tous les enterrements de maréchaux et de généraux. La Société des Débris se transformait en une confrérie d'enterrement, telle qu'il en reste aujourd'hui encore en province, composées des vieillards de l'Hospice.

L'année 1845 commença, pour la Société des Débris, l'ère des difficultés. Il est assez difficile de débrouiller exactement d'entre les articles des deux journaux la *Revue de l'Empire,* dirigée par M. Temblaire, et *La Colonne,* par MM. Carpentier, rédacteur en chef, Quentin, ancien receveur des finances, Stanislas-Cervin Kamienski, ex-colonel de cavalerie polonaise, et le baron de Beauregard, ancien officier de marine, les causes de la dissension qui éclata.

Le rôle du président, le sieur Judas dit Lamy, semble assez énigmatique, et il paraît avoir joué le rôle d'un simple intrigant. Voici ce que disait, à son sujet, *La Colonne* en 1846 :

« Il ne faut pas croire que c'était son amour pour Napoléon qui portait le sieur Lamy à toutes ces manifestations. Loin de là, il refusait un jour de recevoir membre de la Société un vieux soldat de 1804 à 1815, grenadier du fidèle bataillon de l'île d'Elbe, et les motifs qu'il donnait de cette exclusion, c'est que ce vieux militaire avait toujours été fidèle à son serment, n'avait pas trahi l'Empereur, en un mot il était bonapartiste. Cette exclusion, comme on le pense bien, ne fut pas prononcée malgré l'appui qu'avait rencontré le sieur Judas dans quelques membres de la Société.

« Une autre fois, le sieur Judas proposait de prêter serment de fidélité à Louis-Philippe, et de lui offrir la garde de vieux militaires pour le défendre contre ses ennemis intérieurs. Ces propositions avaient lieu en particulier ou, comme on disait, en conseil de famille; mais lors des assemblées solennelles, alors que la police y faisait assister deux de ses agents, c'était autre chose; les paroles et les discours énergiques se pressaient dans la bouche du sieur Lamy, si bien que l'Autorité prévint officiellement la Société qu'elle devait s'abstenir de toute manifestation politique si elle tenait à être maintenue. Ces faits, et d'autres, occasionnèrent un vif mécontentement parmi les sociétaires. »

Au fond, Lamy cherchait à jouer au plus fin avec l'Autorité d'une part, avec les sociétaires de l'autre, pour maintenir l'association et pour éviter de se voir mis en discussion. Il avait pour cela des raisons majeures inhérentes à sa personnalité.

Le premier acte gouvernemental hostile à la Société fut, en date du 15 avril 1845, la prohibition assez malencontreuse des anciens uniformes. La *Revue de l'Empire* et les journaux libéraux ne manquèrent pas de faire remarquer l'incohérence d'un gouvernement qui ramenait les Cendres de l'Empereur et continuait de maintenir en exil, trente ans après Waterloo, les débris errants de sa famille.

Les Cendres devenaient vraiment encombrantes. On reprochait ouvertement au gouvernement de les avoir escamotées pour se faire une popularité, et de craindre les souvenirs de gloire et d'orgueil national que réveille le nom de Napoléon. La Chambre, se ralliant à l'avis de Crémieux, s'associait aux pétitions réclamant le rappel de la famille Bonaparte et la renvoyait aux ministres.

« Il y avait à Paris, écrivait la *Revue de l'Empire*, d'après un journal démocratique *(Le Temps)*, une société bien inoffensive : elle était composée de vétérans de nos grandes guerres. C'étaient de vieux soldats qui n'avaient plus qu'un culte : l'Empire ! qu'un Dieu : Napoléon ! Nous les avons vus dans nos fêtes nationales, revêtus de leurs uniformes troués par la mitraille, saintes reliques précieusement conservées au milieu des vicissitudes des deux Restaurations et que le soleil de Juillet avait ressuscitées tout à coup. Ils ne conspiraient pas, ils ne troublaient pas l'ordre et ne demandaient qu'un peu d'égards pour leur vieillesse, qu'un peu de respect pour leurs cheveux blancs.

« Leur seul bonheur était de reprendre parfois les costumes noircis par la poudre de cent batailles et qui nous rappelaient, à nous enfants d'une génération abâtardie, ces combats de géants dont nous parlaient nos pères.

« C'était bien innocent, n'est-ce pas? Et cela ne devait pas troubler le sommeil de nos hommes d'État. Eh bien? non; quelques susceptibilités se sont éveillées; on s'est ému de cette piété qui survit aux années et, par un sentiment de jalousie indigne d'un gouvernement fort, on s'est avisé de proscrire l'uniforme.

« De par Monsieur le Préfet de police, défense de...

« Voilà de la force! voilà de l'énergie!! voilà de la vigueur!!! Ne semble-t-il pas que tout ce qui fut l'orgueil de la France soit une insulte pour notre politique de trembleurs. Ne semble-t-il pas que tout ce qui rappelle la grandeur et la gloire du pays soit une critique amère de toutes les choses mesquines et honteuses qui s'accomplissent sous nos yeux. »

« L'Autorité a peur d'une cinquantaine de vieux soldats, disait à son tour *La Colonne*. Elle craint sans doute que la vue des glorieux uniformes, en rappelant au peuple de Paris des temps, hélas! qui ne sont plus, ne porte cette population à comparer ce qui fut à ce qui est.

« Depuis bien longtemps, au surplus, la Société des Frères d'armes de l'Empire éprouve le mauvais vouloir du Gouvernement. Tout a été mis en œuvre, après l'avoir constituée pour s'en parer en 1840, pour la dissoudre sans scandale. On est même parvenu à introduire dans son sein des individus qui n'en ont pas le droit : gens qui se disent soldats ou officiers de l'Empire et qui n'ont jamais servi que la rue de Jérusalem.

« Ces intrus ont commis de graves méfaits et un procès est actuellement engagé entre eux et les vrais serviteurs de l'Empire. Avant peu les débats s'ouvriront et le pays pourra être édifié sur la manière d'agir de Messieurs de la police lorsqu'ils veulent faire naître du désordre et s'introduire quelque part. »

Certes, la mesure était brutale et maladroite, mais on peut se demander si tout cela était si innocent. Le Gouvernement, à bon droit, pouvait s'inquiéter de cette perpétuelle exhibition d'uniformes, vivante et perpétuelle réclame pour l'Empire et le prétendant de Ham. Ce qui se passait à Bruxelles dans le sein de la Société des Frères d'armes belges pouvait aussi lui donner à réfléchir.

Un des fidèles de Charles-Louis Bonaparte, le comte Richard de

Querelles, qui avait été de Strasbourg et de Boulogne, mari d'une Beauharnais, ancien élève de Saint-Cyr et fils d'un général de l'Empire, avait trouvé asile, en 1840, dans la société bruxelloise qui, quoiqu'il n'eut que trente-quatre ans, l'avait acclamé vice-président d'honneur; toutes les sociétés belges l'avaient également nommé membre d'honneur. Ne pouvait-on redouter à Paris, l'accès parmi les Frères d'armes d'éléments aussi actifs, d'autant plus que les rapports étaient, alors, constants entre les sociétés belges d'une part, la société des Débris et les petites sociétés de province de l'autre.

Le 5 mai 1845, les Débris de l'armée impériale, dépouillés des uniformes qu'ils avaient portés *en des temps meilleurs*, assistèrent encore au service anniversaire en la chapelle des Invalides.

La zizanie cependant, prétendait *La Colonne*, avait, dès le printemps, éclaté dans la société, grâce aux intrigues policières.

D'après ce journal, qui prit avec violence les intérêts d'une partie de la société, il parut au moins douteux, dès le commencement de l'année 1845, que quelques-uns de ses membres eussent le droit d'en faire partie; ce doute ayant pris de la consistance, il fut résolu qu'on procéderait à la vérification des titres de chaque sociétaire et une commission fut nommée à cet effet.

Ce qu'elle constata d'abord, ce fut que le président Judas dit Lamy n'avait pas le droit de faire partie de la société, n'ayant jamais servi que sous la Restauration et ayant été réformé par suite de blessures qui n'ont rien de commun avec celles des enfants de Mars.

Lamy donna sa démission. M. Guerrier fut élu à sa place, la Commission de vérification continua ses travaux et prononça l'exclusion d'un certain nombre de membres; l'un parce qu'il n'avait pas servi; un autre parce qu'il portait indûment la croix de la Légion d'honneur; d'autres pour s'être donné des grades qu'ils n'avaient jamais reçus...

Tous ces exclus formèrent un parti de mécontents autour de l'ex-président. Plusieurs membres avaient refusé de présenter leurs états de service et se joignirent à eux. Parmi ceux-ci, un sieur Fabry, blanchisseur et officier de la garde nationale de la banlieue, nommé récemment chevalier de la Légion d'honneur, distribuée si inconsidérément par le Gouvernement de Juillet, et un sieur Delignon, ancien garde royal « celui-là même, dit *La Colonne*, qui, sous la Restauration, se blessa avec son fusil étant en faction sur le Pont-Royal, accident qui valut au parti libéral les rigueurs de la Restauration et qui donna au gouvernement l'occasion d'arrêter un grand nombre de libéraux, sous prétexte qu'ils avaient essayé d'assassiner un garde royal, qui fut pensionné à la suite de cette affaire ».

Fabry et Delignon semblaient avoir quelques attaches avec la rue de

Jérusalem, le second surtout; toujours d'après notre auteur, il avait été l'un des trois sergents de ville presque assommés à la porte Saint-Denis, pour avoir maltraité un jeune homme qui suivait le convoi du général Lamarque. Il était pensionné de la police.

La Société des Débris épurée voyait ainsi se dresser devant elle une société rivale. Les exclus entamèrent un procès qui se termina en juillet, par un jugement du Tribunal de la Seine, maintenant M. Guerrier, comme liquidateur de la Société; ils avaient exigé 6.000 francs de dommages-intérêts dont il ne fut plus question. Le sieur Fabry, à leur tête, attaqua le journal *La Colonne* qui le renvoya à son lavoir, en ajoutant que « tout en ayant des prétentions à être Napoléoniste, il n'était que *le blanchisseur du duc Decazes* ».

Là-dessus se place une assez amusante histoire d'un habit de chasse de l'Empereur que Fabry veut vendre comme le tenant du général Montholon et ayant été légué au roi de Rome. De la citadelle de Ham, Montholon proteste, mais Fabry avait déjà vendu l'habit à un de ses collègues, ex-lieutenant des chasseurs de la Garde, Jacques Morelle, en lui proposant de le faire ajuster à sa taille gigantesque.

La partie de la société présidée par M. Guerrier, avait cependant gagné le procès intenté par les exclus, dès le 3 juillet. L'autorité gouvernementale y était intéressée, toujours d'après *La Colonne*, de peur de voir dévoiler certains agissements policiers, mais profitant de l'occasion, elle avait dissous, par mesure administrative, ancienne et nouvelle sociétés.

« La Société est dissoute. La police peut dormir tranquille : l'Empereur ne sortira pas de sa tombe et ne viendra pas, escorté de quelques braves, demander à ceux qui nous gouvernent ce qu'ils ont fait de la France qu'il a laissée si forte et si puissante. »

C'étaient de *tristes débats*. C'est ainsi qu'en novembre 1845 la *Revue de l'Empire*, qui jusqu'alors avait évité de se jeter dans la mêlée, intitulait un article.

« Les principales villes de la Belgique et de l'Allemagne, Bruxelles, Malines, Anvers, Cologne, etc..., ont chacune, depuis longtemps une société de Frères d'armes de l'Empire qui se réunit à certaines époques de l'année pour rendre hommage en famille à la mémoire de l'Empereur. L'étranger donnait à la France l'exemple du culte du Grand Homme. Paris ne voulut pas rester en arrière plus longtemps. Un vieux soldat crut que sa bonne volonté suffirait; il se mit à l'œuvre et la Société des Débris des armées impériales fut créée. Pendant quelque temps, le plus touchant accord, la plus franche cordialité régna entre ses membres. Les sympathies publiques lui furent acquises et, lorsque les glorieux uniformes de la

République et de l'Empire se rendaient à la Colonne et aux Invalides, chacun se découvrait sur leur passage.

« Les souvenirs que cette société commençait à réveiller portèrent ombrage à l'Autorité ; les rivalités d'amour-propre la divisèrent ; elle se divisa en deux corps et finit par être dissoute. Cette dissolution, nous le croyons fermement, a été décidée et provoquée.

« ..... Notre obstination à garder le silence froissait quelques amours-propres, qui avaient compté sur nous, et déplut à d'autres, qui avaient espéré nous voir venir rendre la discussion encore plus vive et plus profonde ; de là, des bruits sourds, des attaques, des conjectures. Nous nous y sommes habitués et nous n'en prenons nul souci. »

Ce fut au tour de M. Temblaire d'éprouver les colères de la bouillante rédaction de *La Colonne*, qui sitôt lui répondait en décembre :

« Pour plaire à quelques individus une revue a jugé à propos d'intervenir d'une façon assez inconvenante dans la question que nous avons soulevée au sujet de l'ancienne société des Débris de l'armée impériale. »

A quoi sert de vouloir faire de la conciliation avec les pires sourds. Comment était intervenue la *Revue de l'Empire?* Tout simplement en faisant remarquer que la fraction dissidente, présidée par M. Quenay, deux fois plus nombreuse que celle présidée par M. Guerrier, comptant dans son sein MM. Clouwez, Daret, Fabry, Gatine, si modeste et si *fidèle à sa vieille épaulette*, Verd, Rougier, Maubertier, Varennes, Lecomte, par leur présence avait droit, elle aussi, aux sympathies de tous.

La Colonne avait froissé ces vieux braves par ses attaques générales. Ils avaient rédigé une protestation ; mais M. Temblaire, persuadé des bonnes intentions de ses confrères de *La Colonne*, ne voulait pas l'insérer dans sa revue.

« Nous ne reviendrons pas, concluait-il, sur les différends qui divisent l'ancienne Société des Débris de l'ancienne armée impériale, mais, au nom de leur glorieux uniforme, au nom de l'Empereur, qui voulait que ses soldats fussent partout dignes et respectés, nous adjurons tous les membres honorables de l'une ou l'autre fraction, de se tendre la main et de ne plus nous faire assister au triste spectacle de leurs discussions. Qu'ils soient au moins unis à la fin de leur carrière, eux qui ont combattu pendant vingt ans pour la même cause et qui ont servi sous le même drapeau. »

M. Richard de Querelles, lui aussi, poussait à la conciliation et adressait à la Société des Débris de l'armée impériale, la lettre ci-dessous :

« Paris, 2 décembre 1845 (anniversaire d'Austerlitz).

« Mes anciens,

« Ne nous désunissons point. Jeune encore, j'ai eu l'insigne honneur « d'être reçu dans vos rangs ; je n'avais point partagé votre gloire. Je

« n'avais point porté *votre vieil habit bleu par la victoire usé,* comme a dit « Béranger; mais j'avais, au péril de mes jours, rapporté dans les rangs « français l'Aigle qui vous mena si longtemps à la victoire. J'avais été « fidèle aux souvenirs qui vous sont chers.

« En Belgique exilé, je trouvai vos compagnons de gloires. J'allai « à eux; ils m'ouvrirent leurs bras mutilés et me nommèrent leur frère « d'armes.

« Ce jour-là fut beau pour moi, mes anciens.

« Là, je vis l'union régner parmi les soldats de la Grande-Armée.

« Là, je vis fantassins, cavaliers, canonniers et marins, la Garde et la « Ligne se serrer autour du vieux drapeau dans cette même pensée, celle « de glorifier le passé, d'espérer dans l'avenir, s'occupant peu des discus- « sions de la triste politique actuelle et de ses mesquins débats; faisant « entr'eux une police sévère, n'admettant dans leurs rangs que quiconque « avait dûment produit ses titres.

« Là, régnait la sainte égalité des champs de bataille; là, le lieutenant « ou le sous-officier pouvait être nommé président et l'officier supérieur, « simple membre, lui obéissait en séance. Tous étaient soldats de la « République ou de l'Empire, rien autre chose.

« Là, présidait moralement la grande pensée napoléonienne dont un « soldat élu était le représentant respecté.

« Le souvenir, c'est tout ce qu'on nous a laissé. Oh! mes anciens, ne « nous désunissons point.

« Respect, salut et fraternité.

« RICHARD,

« Vice-président d'honneur de la Société des Frères d'armes de Bruxelles, « membre honoraire de celles de Gand, Anvers, Malines, etc. »

L'appel de M. de Querelles ne fut pas entendu. Au moins, les frères ennemis ne furent-ils point ingrats envers leurs défenseurs. Tandis que les membres de la Société Queray faisaient hommage à M. Temblaire d'une médaille d'or à l'effigie de Napoléon, ceux de la Société Guerrier, récompensaient le succès de leur avocat, Me Joly, par le don d'une tabatière d'or.

Le comte de Querelles mourait sur ces entrefaites en 1846.

En droit, la Société était dissoute; en fait, elle subsistait et peu à peu l'union se renouait entre les vieux soldats. Entre-temps, le 25 mai 1846, Charles-Louis-Napoléon s'évadait et à l'auréole de la captivité substituait celle de l'exil. Dès lors, les espérances des vieux soldats, de moins en moins cachées, semblaient proches à se réaliser et tandis que d'aucuns rêvaient d'une deuxième République, un parti puissant se réclamait des souvenirs impériaux. Les fidèles se retrouvaient les 5 mai et les 15 août à la Colonne sans qu'il y eut même besoin de les convoquer. Il est vrai qu'ils n'arboraient plus les légendaires uniformes.

Ce fut le gouvernement lui-même, par une de ces incohérences qu'on relève si nombreuses dans l'histoire de la monarchie de Juillet, qui les leur rendit.

Louis-Napoléon Bonaparte, l'ex-roi de Hollande, était mort à Livourne, le 5 mai 1846, demandant comme son frère Napoléon, que son corps et celui de son fils, mort en 1831, à Forli, lors des troubles de la Romagne, fussent ramenés en France et inhumés à Saint-Leu, où reposaient déjà son père et son premier fils. En vain, le dernier mois de sa captivité, Charles-Louis, avait sollicité d'aller fermer les yeux à son père mourant.

Le gouvernement, si rude en 1846, autorisait en septembre 1847 les solennelles funérailles de LL. AA. II. les princes Louis-Napoléon et Napoléon-Louis Bonaparte en l'église de Saint-Leu. Bien plus, il autorisait le prince Jérôme Bonaparte, ancien roi de Westphalie, à se rendre momentanément à Paris.

Tous les détails des obsèques sont relatés dans une très rare plaquette : — *Louis-Napoléon, feu roi de Hollande, — funérailles du feu roi et de son fils aîné,* — publiée à La Haye en 1847. Les autorités départementales et locales, les officiers de la garde nationale et de la gendarmerie avaient été convoqués. L'absoute chantée, la garde nationale devait défiler devant les invités et la gendarmerie fermer le cortège.

Une invitation générale avait été faite, au nom de la famille Bonaparte par le lieutenant-général Arrighi, duc de Padoue, exécuteur testamentaire du feu roi, *à toutes les personnes qui avaient conservé un bon souvenir de l'Empereur et de sa famille,* et un service spécial, établi sur le chemin de fer du Nord.

Le 30 septembre on lut dans le *Moniteur Parisien :*

« Hier ont eu lieu, à l'église de Saint-Leu-Taverny, les obsèques de Louis Bonaparte, ancien roi de Hollande, et de son fils le grand-duc de Berg, mort à Forli en 1831.

« Les armes impériales, les chiffres enlacés des défunts, des oriflammes en velours violet semées d'abeilles, des couronnes impériales, des aigles et des drapeaux aux couleurs nationales étaient distribués à profusion...

« Dix à douze mille personnes venues de Paris, des villes et des villages voisins et de dix lieues à la ronde encombraient Saint-Leu-Taverny.

« Quatre à cinq cents vieux soldats de l'Empire portant les riches uniformes de la Garde : des hussards, cuirassiers, dragons, grenadiers, chasseurs, artilleurs, étaient accourus, les uns de Paris, les autres de Rouen, d'Orléans, de Lille, de Cambrai, etc., aux funérailles du frère de l'Empereur.

« Ils s'étaient rangés au milieu de la nef sous le commandement du capitaine des hussards M. Lecomte. »

Plus loin, le *Moniteur* ajoutait qu'ils s'étaient placés sous le commandement supérieur du baron Dumoulin, officier d'ordonnance de l'Empereur.

« Parmi les noms des anciens militaires présents à la cérémonie nous devons citer les généraux Tobriant, Ciat, Clauseau et Roland, les colonels Brice et Jermanowski, des lanciers de la Garde, etc...

« M. le duc Decazes assistait à la cérémonie et tenait un des cordons du poêle en qualité d'ancien secrétaire du prince Louis. »

A tous ces fidèles, le 4 octobre 1847, Charles-Louis Bonaparte envoya de Londres ses remerciements. L'eût-il pu, si le gouvernement avait eu, à défaut de tact, l'adresse d'envoyer à Saint-Leu un représentant officiel ? Loin de là, il avait cru jouer de finesse en opposant un prétendant à un autre ! Du moins est-on tenté de le croire en lisant le *Moniteur Parisien* du 27 septembre 1847 et des jours suivants :

« Le prince Napoléon de Montfort, neveu du roi Louis-Napoléon, en sortant de l'église donnant le bras à sa sœur la princesse Mathilde, s'est rendu à la maison de la mairie, au milieu de la haie que formait la garde nationale de la commune, en face de la colonne formée par les officiers et soldats de la Garde impériale. Le commandant de la garde nationale a ordonné de présenter les armes et a fait battre aux champs au passage du prince.

« Tout le monde a remarqué la parfaite ressemblance du prince avec Napoléon, dont il a tout le profil. »

C'était encore un nouvel atout dans le jeu de l'exilé que cette ressemblance d'un profil que d'aucuns comparaient à une médaille de César trempé dans la graisse allemande, mot qu'on renvoya plus tard à l'héritier de la monarchie parlementaire. La princesse parut la future impératrice du nouvel empire. A ce jeu-là, Louis-Philippe perdait sa couronne.

Les funérailles de Saint-Leu, nouveau retour des Cendres, avaient reconstitué la société philanthropique des Débris de 1792 à 1815 (j'insiste sur la réunion de ces deux dates qui faisaient des Bonaparte les champions de la démocratie modérée). L'élection à la Présidence, de Charles-Louis Bonaparte, le 20 décembre 1848, après des luttes sanglantes, assurait à la Société une existence plus durable et plus calme.

CHAPITRE V

Dans les anciens départements de l'Empire après 1840

Le retour des Cendres avait eu dans les anciens départements de l'Empire pour le moins autant de retentissement qu'en France. En Belgique, il en résulta la formation de nombre de sociétés de Frères d'armes, à l'imitation de celle de Bruxelles.

CARTE DE VISITE D'UN MEMBRE DE LA SOCIÉTÉ DE GAND

« L'association de Bruxelles a porté ses fruits, écrivait M. Temblaire dans la *Revue de l'Empire*. Toutes les villes importantes de la Belgique ont voulu imiter l'exemple de la capitale ; Gand, Anvers, Malines, Tirlemont, Bruges, Audenarde, Mons, etc., ont voulu avoir leur association napoléonienne. L'Allemagne rhénane se laissa gagner de même par cette pieuse contagion, et bientôt Mayence, Cologne, Coblenz, Trèves, eurent leur société de Frères d'armes. (1) Partout, la protection accordée par le Gouvernement à ces sortes de confréries leur a donné un caractère de légalité qui les rend, s'il se peut, plus respectables encore. Elles se réunissent silencieusement, sans bruit ; l'ordre et la décence la plus parfaite ne cessent pas de régner dans les séances. Il ne s'agit là que de souvenirs et de regrets ; 1792-1815 : entre ces deux dates se trouve contenue toute la politique des Frères d'armes. Et maintenant que pourraient-ils espérer des temps présents ? Quelle ambition pourraient-ils avoir dans l'avenir ? Tous leurs désirs, tous leurs vœux ne sont-ils point depuis longtemps déjà dans la tombe du fils de Napoléon, sur lequel ils tournaient un moment leurs regards fidèles.

« Ils serrent leurs rangs, ils se rapprochent pour pleurer ceux qui partent tous les jours, Las-Cases, Larrey, hier Brecqueville et Laffitte, ce grand citoyen honoré de l'estime de l'Empereur. »

CARTE DES TAMBOURS DE LA SOCIÉTÉ DE MONS

Ainsi, aussi bien en pays flamand qu'en pays wallon, des sociétés s'étaient formées à l'imitation de celle de Bruxelles. J'ai pu recueillir un

(1) Il y a là une erreur signalée au commencement du chapitre II.

certain nombre de renseignements sur deux des plus importantes d'entre elles en dehors de Bruxelles, celles de Bruges et de Mons.

A Bruges, où existait depuis 1815 la *Société des Vieux Soldats*, il se fonda parallèlement une *Société fraternelle et philanthropique des anciens Frères d'armes de l'Empire français* qui, en 1864, comptait encore trente-huit membres, tandis que la précédente, renforcée par de nouveaux membres, en rassemblait quatre-vingt-dix-huit.

La Société de Bruges date du 2 décembre 1842; son lieu de réunion primitif fut à l'*Olifant*, rue Neuve-de-Gand, où une grande salle, ornée comme celle de Bruxelles, lui fut réservée ; puis au café Saint-Sébastien, rue aux Laines. L'Olifant, Saint-Sébastien, vieilles enseignes rappelant les vieilles corporations d'archers.

Le dernier président en fut M. Franco, et le dernier survivant, M. Van Damme, fut, d'après les statuts, enterré avec le drapeau qui lui servit de linceul.

Les Frères d'armes avaient un massier qui, dans les cérémonies, portait une masse surmontée d'un buste de Napoléon; leur insigne, aux armes impériales, fut doré pour le président, argenté pour les membres.

Ils célébraient les mêmes cérémonies que leurs frères de Bruxelles, et, en outre, une fête d'un caractère tout local, la *Neuvaine des Patriotes*, fondation pieuse faite en l'église de Sainte-Walburge, à laquelle ils se rendaient chaque année, tambours en tête, déposer leurs deux drapeaux, français et brabançon, devant le catafalque.

Quelques détails sur cette cérémonie, dont la tradition s'est conservée, paraîtront curieux. L'œuvre des Patriotes fut établie à Bruges, le 10 novembre 1790, en l'église des Dominicains, sous l'invocation de Notre-Dame de la Victoire et du Très-Saint Rosaire, par Jean-Baptiste de Mey, un bourgeois de Bruges, qui voulut ainsi consacrer le souvenir des militaires décédés pendant la révolution brabançonne de 1789, en combattant *pro aris et focis*.

La Révolution française interrompit la neuvaine : l'église des Dominicains fut désaffectée, mais la fondation fut rétablie en 1802 à la paroisse Sainte-Walburge.

Aujourd'hui encore, la neuvaine se célèbre à l'intention de tous les militaires belges décédés et, suivant une notice récente, les concitoyens de J.-B. de Mey tenant à honneur de conserver intacte cette institution séculaire, s'empressent à célébrer l'Octave des patriotes par leur présence aux *sermons français* réclamés par les bienfaiteurs de l'Œuvre.

A Mons, l'association philanthropique commença à se former dès 1841, et fut définitivement constituée le 22 juin 1845 ; son siège fut établi à l'étage du café ayant pour enseigne — *à Moscou* — rue du Grand-Jour, n° 31. La salle des réunions fut ornée du buste de l'Empereur et des drapeaux français et brabançon, ainsi que de nombreux portraits.

BRASSARD DE DEUIL DES FRÈRES D'ARMES MONTOIS
(Communiqué par M. Rœpel)

Chaque année, le 5 mai, les vétérans montois célébraient l'anniversaire de la mort de Napoléon, solennellement, en l'église Saint-Waudru, à 11 heures du matin. Ils s'y rendaient en grand apparat, précédés de leurs tambours, de leur bâtonnier et de leurs drapeaux, escortés par le corps des sapeurs-pompiers. Au milieu de la cathédrale s'élevait un catafalque surmonté du petit chapeau et de l'épée.

Le dernier survivant fut François-Joseph Carlier, décoré des médailles de Sainte-Hélène et de la croix de Guillaume de Hollande, né à Binche, le 23 octobre 1794, et décédé le 18 juillet 1885.

Les archives, le règlement manuscrit et le mobilier, quoique devant d'après les statuts faire retour à la ville, ont disparu.

Il serait inutile de pousser plus loin l'étude particulière de ces sociétés de Frères d'armes, toutes imitées de celle de Bruxelles. Notons pourtant qu'à Gand, la société des Frères d'armes constituée le 25 juillet 1844, éleva dès 1849, un monument au cimetière de Mont-Saint-Amand-lès-Gand à la mémoire des membres défunts, lequel a été tout récemment restauré par les soins de la municipalité. *(Flandre libérale de Gand — notes et souvenirs sur Gand,* par M. Paul Clays.) L'étude des associations d'Ypres, de Tournay, de Malines, Liége, Verviers... est intéressante surtout au point de vue local et il serait regrettable que le souvenir en disparût; ce serait un fâcheux exemple à suivre que celui du bureau des archives d'une grande ville de Belgique qui, il y a quelques années, ne crut pas devoir acquérir le tableau manuscrit des statuts des Frères d'armes ses concitoyens, sous prétexte que le prix lui en paraissait exagéré.

Partout, le but de ces associations fut le même ; l'assistance mutuelle, suivant les ressources de la Société, en cas de maladie et l'enterrement avec les honneurs militaires. A la mort de chaque membre, un billet de faire part était envoyé par les soins de la société. J'en présente un fort curieux, provenant des Frères d'armes de Bruxelles et conservé aux archives de la ville. M. Rœpel de Mons en possède un certain nombre qui présentent un caractère analogue, ainsi que le brassard de deuil timbré du chiffre impérial. Les Montois possédaient un magnifique drap des morts en velours noir brodé d'or.

Il n'y a pas plus de vingt ans que les derniers Frères d'armes se sont éteints en Belgique et l'on y retrouve plus facilement leurs traces qu'en France, en raison de l'application qui fut faite à leurs associations des lois sur les sociétés de secours mutuels. En 1851 et en 1860, ils furent invités à déposer leurs statuts au bureau spécial du Ministère de l'Intérieur (service passé depuis au Ministère de l'Industrie et du Travail).

La Société de Bruxelles ne semble pas s'être beaucoup souciée de se mettre d'accord avec les lois belges de 1850 et de 1860 sur les sociétés de secours mutuels. A Bruxelles elle avait l'appui de membres honoraires et l'on peut affirmer que le chiffre des secours fut de beaucoup supérieur à celui que révèlent ses comptes. En 1862 une correspondance s'engage entre le gouverneur de la province de Brabant, le président du *Collège des bourgmestre et échevins de Bruxelles* et M. Rimbaud, président de la Société, au point de vue de la fourniture des renseignements statistiques. La Société demandait à être reconnue conformément à la loi de 1850, mais inutilement, car elle se refusait à des modifications indispensables que réclamait la commission ministérielle permanente.

D'après la publication officielle intitulée : *Coup d'œil sur le nombre et la situation des sociétés de secours mutuels en Belgique*, parue en 1864 ; la Société et quelques autres avec elle, n'étaient pas reconnues en 1860 :

1° La Société philanthropique des anciens Frères d'armes de l'Empire français à Bruxelles, forte de quarante-cinq membres ; 2° La Société des anciens soldats de Bruges avec quatre-vingt-dix-huit membres ; 3° La Société fraternelle et philanthropique de Bruges avec trente-quatre membres ; possédant respectivement des actifs de 4.000 francs, 400 francs et 200 francs.

Dans les provinces d'Anvers, de Flandre orientale, Hainaut, Liége, Namur, Limbourg et Luxembourg, il n'existait pas de sociétés à reconnaître.

Les Frères d'armes de Bruxelles se soumirent. On les retrouve encore

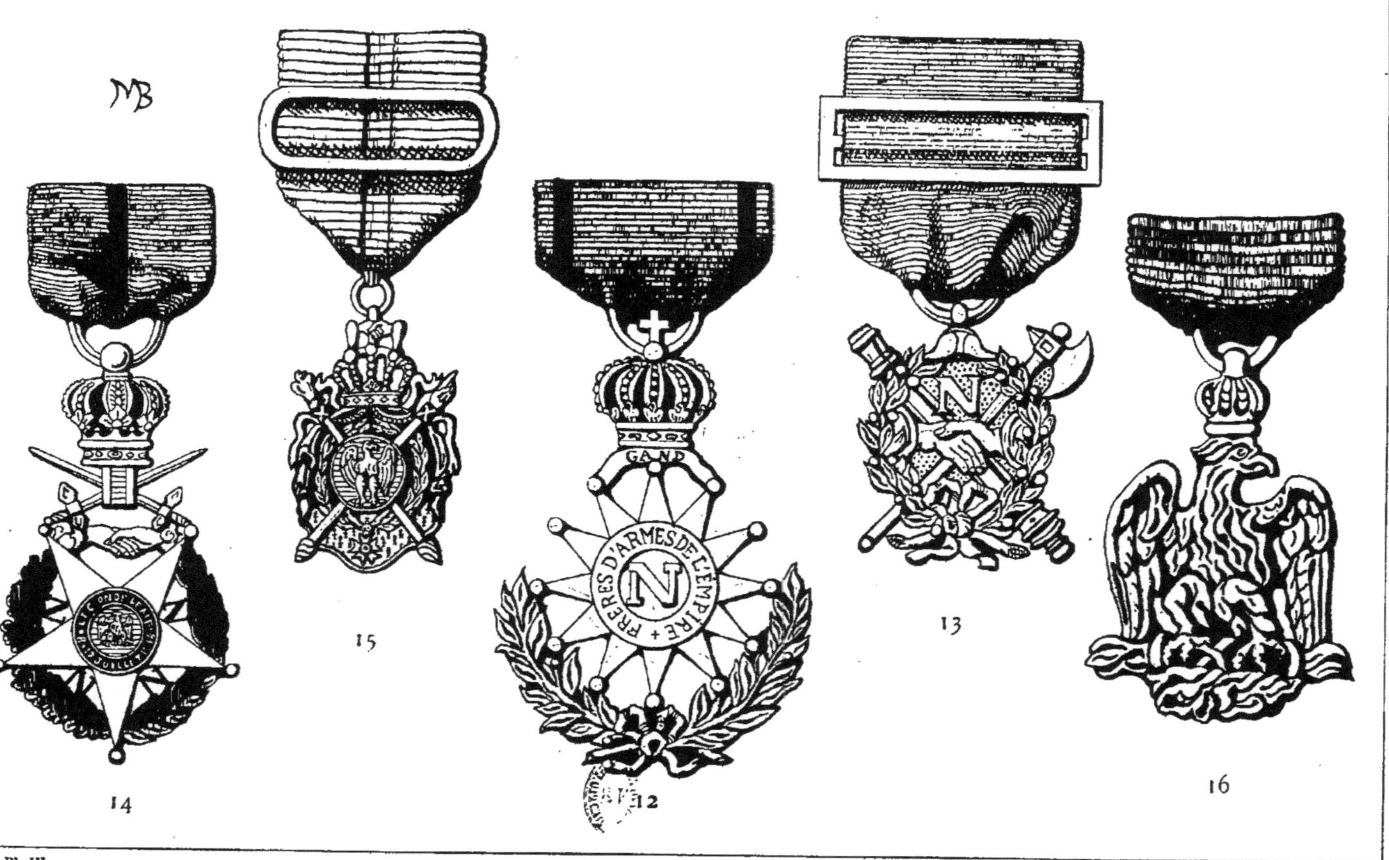

Pl. III

J. LEROY, ÉD., PARIS

en 1875 sur les registres d'inscription des sociétés de secours mutuels *(Archives communales de Bruxelles, section moderne),* ainsi désignés :

Nº D'ORDRE	DÉSIGNATION	DATE DE LA FONDATION	NOM ET ADRESSE DU PRÉSIDENT	LOCAL
5	Belge de secours mutuel des anciens frères d'armes de l'Empire.	1838	Rimbaud 12, chaussée Newmolen	15 Grand'place

Ils figurent jusqu'en 1880 sur l'*Annuaire du Commerce de Bruxelles.*

Des confréries d'enterrement telles qu'il en existe dans les pays catholiques du Nord, doublées d'une mutualité en cas de maladie, tel fut le caractère des sociétés belges. Mais, ce qui les distingue des sociétés allemandes c'est la pratique du culte napoléonien par des cérémonies annuelles célébrées avec apparat. Dans les pays rhénans, les manifestations furent toujours plus discrètes.

Il ne semble pas que les Vétérans allemands se soient empressés comme les Belges, autour de la dépouille mortelle de l'Empereur. Pourtant le retour des Cendres fut l'occasion de nouveaux groupements.

Dans le Palatinat et dans la Hesse rhénane, l'œuvre philanthropique était depuis longtemps accomplie; il ne se forma qu'une société à Oberolm en 1842. Le monument fut érigé le 25 août, sur le modèle de celui de Mayence et le président fut :

« Dür (Félix) privatman, 10 ans 1/4 sous-lieutenant au 16e de ligne; campagnes: 1807-1808 en Allemagne (révolte de Damgarten, siège de Stralsund); 1809, en Autriche (batailles de Neumarck, Aspern); 1810-1813, Espagne (Boryol, Tarragone, Minvredo et Valence); 1814, en Italie (Monzembano); 2 blessures. »

Le mouvement s'étendit quelque peu dans les provinces prussiennes, malgré la mauvaise volonté du gouvernement local. Aux sociétés de Kreuznach et de Coblenz s'ajoutèrent celles de Cologne et de Düren, ce qui, en ajoutant celle d'Oberolm, porta à douze le nombre total des sociétés rhénanes.

A Cologne, au commencement de l'année 1843, un comité se forma sous la présidence du futur président M. Carl Rhor, « secrétaire en retraite du gouvernement du Cercle, chevalier de la Légion d'honneur, 5 ans 1/2 sous-lieutenant dans la brigade d'infanterie du Grand-duché de Berg ; campagnes : de 1809 en Allemagne (affaire sur l'Ocker contre le duc de Brunswick-Oels); 1812 en Russie (affaires de Gnazniki, Czernice et bataille de la Bérézina) ; 1813 (affaire de Neuenburg et campagne de France); légèrement blessé au pied droit et *prisonnier de guerre français à Cherbourg* (comme étranger, à l'entrée des alliés) ».

Dès juin 1843, la *Gazette de Cologne* et le petit journal manuscrit la *Gazette du Renard* (die Füschse Zeitung) annonçaient aux habitants de Cologne la formation de la Société et la prochaine érection d'un monument au cimetière de Melaten. Le 16 juillet eut lieu la première assemblée au cours de laquelle le président, après avoir lu l'autorisation du gouvernement prussien, exprima son dévouement au roi Frédéric-Guillaume IV.

Une admiration profonde pour l'Empereur défunt semble avoir présidé à la formation de la Société. Le Musée historique de la ville de Cologne conserve un diplôme d'admission dont voici la traduction :

SOCIÉTÉ DES VÉTÉRANS A COLOGNE

DIPLÔME D'HONNEUR

A Monsieur Thomas Tilden, ancien canonnier à pied au 7e régiment.

« Le but de l'institution de la Société des Vétérans est d'ériger un monument dans le cimetière de cette ville, destiné à honorer non seulement la mémoire de nos camarades tombés sous les drapeaux français au champ d'honneur mais *à conserver* le *souvenir du héros immortel* qui nous a conduits si souvent à la victoire.

« Nous sommes heureux, en conformité des statuts de cette Société et d'après la preuve de vos services de guerre, de vous notifier par la présente votre admission comme membre participant régulier. »

Cologne, le 25 avril 1844.

Le monument fut élevé le 21 novembre 1844 : il existe toujours au cimetière de Melaten et la ville de Cologne l'a pris en charge. La Société comprit en plus des 7 membres du bureau, 99 membres participants.

La même année qu'à Cologne, une société de Vétérans se fondait à Düren avec 4 membres du bureau et 28 participants. Celle-ci n'éleva pas de monument et se contenta d'un service annuel.

« Président Müller (Joseph), rentier, 8 ans 1/2 maréchal des logis au 5e dragons. Campagnes 1807 en Espagne et Portugal ; 1809 en Tyrol ; 1812, 1813 en Russie : coups de lance au pied et au côté gauche. »

La Société de Coblenz put enfin ériger son monument : Les difficultés qui avaient signalé sa fondation se reproduisirent-elles? Toujours est-il que celui-ci fut destiné seulement à l'inhumation des membres et non consacré au souvenir de leurs compatriotes tombés au champ d'honneur. (1)

« Von der vermaligen Soldaten Napoleons die in ihr Vaterland zurückgekehrt zu Coblenz, als friedfertige ihrem jetzigem Fürstem treuergebene Bürger gestorben sind und hier ruhen.

« Errichtet am 5 mai 1843, den Todentag des Kaisers (5 mai 1821). »

Plus encore que le nombre des sociétés de Vétérans, celui des anciens soldats inscrits au *Gedenkbuch* de M. Henrich Sander, sous la rubrique *Veteranen welche zu keinem Verein geporen* indique l'importance du mouvement. Il n'est pas de bourg des bords du Rhin qui ne soit représenté dans ces listes que je résume numérativement.

Palatinat Bavarois

Landcommissariat		Bergzabern	5
—	—	Ensel	6
—	—	Frankenthal	75
—	—	Homburg	4
—	—	Kirchheimbolanden	22
—	—	Neustadt a. d. Haart	50
—	—	Pirmasens	2
—	—	Speyer	23

Landgrafschaft Hessen-Homburg

Oberamt Meisenheim	15

Grossherzogliche Hessische Provinz Rhein-Hessen

Kreis Alzey	122
— Bingen	119
— Mainz	130
— Worms	115
	688

Dans la province rhénane de Prusse, les Vétérans n'étaient pas moins nombreux, mais par crainte des autorités locales, sans doute, ils furent moins empressés à s'inscrire au *Gedenkbuch*.

(1) Aux anciens soldats de Napoléon qui, rentrés dans leurs foyers à Coblenz, sont morts en citoyens fidèles à leur Prince actuel et reposent ici.

Erigé le 5 mai 1843, jour anniversaire de la mort de l'Empereur (5 mai 1821).

Königliche Preussische Rhein-provinz

Regierung-Bezirk Aachen	23
— — Coblenz	3
— — Düsseldorf	6
— — Cöln	18
— — Trier	1
	51

Il est impossible de ne pas être frappé du petit nombre de vétérans à Aix-la-Chapelle, à Düsseldorf, à Trèves. Certainement, le gouvernement prussien tentait d'enrayer le mouvement napoléonien. Il le fit à Trèves d'une manière très originale, en confondant dans le même Kriegerverein *(Verein ehmaliger Vaterlandischer Kriegern zum militarischen Begräbniss verstorbener Kameraden zu Trier)* les vieux soldats de l'Empereur des Français et ceux du Roi de Prusse.

Grâce au président du Kriegerverein actuel, héritier des traditions et des archives de cette société au titre quelque peu funèbre, j'ai eu en mains l'unique exemplaire existant encore des statuts de 1842 et de la relation de l'inauguration du monument élevé au cimetière de Trèves.

Bien que le *Gedenkbuch* n'en fasse pas mention, il apparaît que les anciens soldats de Trèves s'étaient amicalement groupés. En 1842, ils se réunirent à la société prussienne qui s'était constituée le 22 février, sous le protectorat du général Von Hüfer, commandant la 16e division.

D'après les statuts, le but de cette association était de procurer aux adhérents de solennelles funérailles et d'accompagner leurs corps au cimetière pour y être enterrés suivant le rite de leur confession. Les noms des défunts devaient être inscrits sur un monument à élever avec les contributions volontaires des membres et à inaugurer le Jour des Morts *(Aller Scelen Tag)* de 1842.

Pouvaient adhérer tous ceux qui, dans l'armée prussienne ou une autre, ou qui, pendant qu'une partie de l'Allemagne appartenait à l'Empire français, avaient servi avec honneur, fait une campagne et pouvaient le prouver par certificat digne de foi. Le postulant devait être de bonne vie et mœurs, de conduite irréprochable, habiter Trèves ou ses faubourgs. Son entrée était soumise à un *ballottage;* le droit en était fixé à un thaler et la cotisation mensuelle soumise à l'appréciation de chacun.

Un comité de seize membres fut choisi parmi les Vétérans les plus élevés en grade et en nombre égal d'allemands et d'anciens français. Les participants devaient être présents aux funérailles et aux assemblées générales, sous peine d'une amende de 1 à 5 groschen et d'expulsion à la troisième absence.

Le Jour des Morts 1842, à dix heures du matin, les *Guerriers Patriotes* de Trèves firent une visite au cimetière : quatre saules furent plantés autour du monument. A onze heures une députation de membres français alla chercher au presbytère le curé de Trèves, aumônier catholique de la garnison, et le conduisirent à la chapelle où se trouvaient réunis le général Von Hüfer, commandant la 16e division, et le major d'artillerie *(am dienst)*, Müller, président de la société, avec les membres du comité à droite, les officiers-sociétaires leur faisant face, ainsi que les représentants de la municipalité et de la garnison.

Le sermon du curé Cremer retraça les origines, le but de l'association ; on y remarqua la phrase suivante :

« Jusqu'alors la société ne se composait que des guerriers qui ont combattu *le grand combat avec Dieu pour le roi et la patrie* et ont reconquis la liberté de l'Allemagne. A ces braves se sont joints les hommes d'honneur qui, jadis, sous le grand empire de Napoléon, ont combattu pleins de gloire et sous leur grand Empereur soumis l'Europe entière ; qui, pleins de foi et de discipline, l'ont suivi des extrêmes confins du Sud jusqu'à la grande capitale de la Russie, du Tage au Volga et qui ont vu le Grand Homme dans sa plus haute gloire comme dans son abaissement à Waterloo. »

A deux heures et demie ce fut le tour de l'aumônier évangélique de la garnison, le pasteur Rocholl qu'une députation, prussienne cette fois, alla chercher et dont le sermon, tout germaniquement militaire, ne réveilla pas les souvenirs évoqués par le curé Cremer.

Parmi les huit membres français du Comité, le plus élevé en grade était un ancien capitaine du nom de Haw ; parmi les huit membres allemands, dont quatre officiers en activité, se trouvaient le président et le secrétaire. A la fondation, la société comprenait : Prussiens 109, Français 112, étrangers 35, soit 256 membres. Parmi les Français on comptait deux légionnaires.

Les blessures se décomposaient ainsi : les 109 Prussiens : 66 ; les 112 Français : 240 ; les 35 étrangers : 11.

Dans la liste des membres de la société, les armes et les grades des français furent inscrits en lettres latines.

Cette juxtaposition dans la Société de Trèves de deux nationalités et de deux religions, on pourrait dire de deux races, car les gens de la Moselle sont plus Celtes que Saxons, lui donne un caractère tout particulier, qui ne manque pas de grandeur ; ce n'en doit pas être l'unique exemple et les vétérans du grand Empereur à Aix-la-Chapelle et à Düsseldorf suivirent certainement l'exemple de leurs camarades de Trèves.

Il en fut certainement de même sur la rive droite du Rhin. En tous cas, aucune société au caractère exclusivement français ne s'y constitua et le *Gedenkbuch* ne signale dans l'ancien duché de Westphalie, devenu province prussienne, que trois Vétérans, dont un ex-maréchal des logis des chevau-légers du roi Jérôme.

Il m'eût été impossible de donner, même en résumé, les courtes notices que le *Gedenkbuch* consacre à chaque société, à plus forte raison, un relevé de tous les noms qu'il contient.

La lecture en est pourtant attachante. Dans ces listes, pas d'officiers supérieurs, peu d'officiers subalternes. Ce sont des humbles de l'armée.

Presque tous n'entrèrent au service qu'après 1804, pourtant j'ai relevé les noms d'Adolphe Bernhard, de Mayence, fusilier au régiment de la Guadeloupe en 1768, soldat en 1791 au 109e, en 1793 à la 194e compagnie de Vendée, siège de Mayence, campagne de Suisse, etc.; de Kauffmann, de Mayence, tambour au 1er bataillon des volontaires alsaciens; de Poitevin, fusilier au bataillon de la Gironde, et celui de l'incontestable doyen, Dereims (Joseph), de Cologne, rentier : de 1776 à 1794, hussard au régiment de Bercheny, puis aux *chasseurs à pied des Barrières,* et gendarme à cheval; campagnes : Hollande 1794, 1806-1807 en Prusse, 1809 Autriche, 1814 en France; passé gendarme au service de la Prusse de 1814 à 1821, retraité comme maréchal des logis. *(Wachtmeister.)*

Ce sont aussi des humbles de la vie civile que les Vétérans. Parmi eux peu de rentiers; quelques médecins, quelques avocats, mais, surtout, de petits fonctionnaires, des sergents de ville ou de modestes travailleurs, brasseurs, cordonniers, bateliers, journaliers, des boulangers et pas mal d'aubergistes.

Il en est de toutes armes, la vieille et la jeune Garde en tête, voire la Garde royale d'Espagne, des gendarmes, des carabiniers, des cuirassiers, des dragons et des hussards, des canonniers, des pontonniers, des sapeurs et des marins, des grenadiers d'Oudinot, de modestes fantassins de la Légère et de la Ligne comme aussi des gardes d'honneur et des gendarmes d'ordonnance de bourgeoise origine.

Il est des mensonges sur les tombes : les monuments des Vétérans peuvent en témoigner. Presque tous portent « à ceux qui sous les drapeaux de Napoléon tombèrent de 1804 à la fin de 1813 ». Il y en eut d'autres qui tombèrent en 1814 et en 1815 et ceux-là les Vétérans n'ont dû les oublier que par ordre supérieur.

Il est impossible de parcourir le *Gedenkbuch* des Vétérans sans être frappé du nombre des Français des nouveaux départements qui suivirent Napoléon jusque sur les champs de Waterloo, et l'Empereur, après avoir passé la revue nocturne, à l'Arc de l'Étoile, pourrait en passer une autre dans les cimetières de la rive gauche du Rhin. Tambours, trompettes et musiciens ne manquaient pas à l'armée des Vétérans du temps de l'Empire français : *compagnons* du *Gedenkbuch*.

CHAPITRE VI

Les Débris de l'armée impériale après 1848

Un des premiers actes du Prince-président fut de prendre des mesures pour améliorer la situation précaire des vieux soldats de 1792 à 1815. Une circulaire du 6 décembre 1849 invita les préfets à recevoir leurs réclamations, à s'informer avec soin de leur situation, à recueillir leurs titres, à en apprécier la valeur réelle et à transmettre à l'administration centrale toutes ces demandes accompagnées d'un avis motivé.

On aurait mauvaise grâce à traiter ce souci de préoccupation électorale. La Restauration avait été dure pour les soldats des grandes guerres, ne serait-ce qu'en ce qui eut trait aux légionnaires; le gouvernement de Juillet n'avait fait que leur accorder strictement leur dû. En 1849, pour la plupart d'entr'eux la vieillesse et la misère étaient venues.

Une commission instituée par décret du 25 février suivant, sous la présidence du duc de Plaisance, Grand-chancelier de la Légion d'honneur, et comprenant douze membres, accueillit onze mille trente-trois demandes.

Un rapport du garde des sceaux, M. Rouher, au président de la République, précédant le décret du 14 décembre 1851, donne idée de la réelle sévérité avec laquelle opéra la Commission et remplit les promesses du Message présidentiel du 12 novembre 1850 de venir au secours de la vieillesse et de la misère des soldats des armées de la République et de l'Empire.

Deux millions sept cent mille francs étaient nécessaires, et pourtant avaient été repoussées toutes demandes formées par des militaires qui, *ayant servi moins de huit ans, n'avaient fait que ce que la loi impose à tous les citoyens*. De rares exceptions avaient été faites seulement en faveur de soldats atteints de blessures graves ou signalés par leurs faits d'armes.

Ceux qui jouissaient d'une pension de retraite avaient été aussi écartés, à l'exception de quelques soldats amputés, privés de ressources suffisantes pour subvenir à des besoins augmentés par l'âge.

La condition première et essentielle de toute admission avait été la preuve de l'indigence du réclamant. Celle-ci constatée, la Commission avait apprécié le chiffre du secours sous trois rapports distincts : l'âge, la durée des services, le nombre des blessures.

Au point de vue de l'âge, la classification avait été faite en octogénaires (quelques volontaires de 1792 ayant été admis) septuagénaires et sexagénaires, recevant respectivement 220, 200 et 175 francs.

Leur nombre était de 651, 4.022 et 6.360; le total des secours de 2.060.600 francs.

Les services donnaient droit à une augmentation, pour vingt années de 75 francs, pour seize de 60 francs, pour douze de 50 francs et pour moins de douze de 40 francs.

Les blessures, pour six et au-dessus, à une augmentation de 30 francs, pour quatre et cinq de 25 francs, pour deux et trois de 20 francs, pour une seule de 15 francs. Le total du secours se répartissait entre 150, 414, 2.680 et 4.516 blessés, la différence du minimum au maximum de l'allocation étant ajoutée en plus à cinquante-cinq amputés.

Le total du crédit ouvert au garde des sceaux fut de 2.697.170 francs et reporté par décret du 9 février 1852 au budget des finances.

Le crédit anciennement ouvert au Ministre de la guerre, pour secourir les anciens militaires indigents, fut conservé et désormais affecté à ceux non inscrits sur les listes de la Commission.

Je n'entrerai pas dans le détail des mesures prises pour le paiement immédiat des pensions; les concessionnaires des secours furent inscrits sur des registres matricules à la Grande-chancellerie et aux chefs-lieux des départements, et par une loi du 21 mai 1853, la somme libre par suite des extinctions dut être affectée pendant cinq années à des secours de 80 à 120 francs à de nouveaux titulaires.

La faculté de suspendre ou de supprimer les secours viagers fut attribuée par loi du 7 décembre 1852 au Grand-chancelier.

Voici pour l'assistance gouvernementale qui donnait aux vieux soldats, en France, un droit à une pension. Que devenait pendant ce temps le groupement mutualiste formé au lendemain du retour des Cendres?

Les deux tronçons de la société des Débris s'étaient ressoudés, lorsque le 18 mai 1852, lors de la distribution des aigles nouvelles, vétérans et invalides furent convoqués au Champ-de-Mars dans la tribune N. (Était-ce à dessein que la lettre leur avait été attribuée?)

Le mouvement fraternel qui avait succédé au retour des Cendres n'en était pas moins enrayé en France par plusieurs causes parmi lesquelles surtout le manque d'habitude des associations philanthropiques. Il n'y eut pas de relation entre la société parisienne et les groupements de province et les vétérans attendirent toujours plus de l'assistance gouvernementale

BREVET DE LA SOCIÉTÉ DES DÉBRIS EN 1853

que de leurs propres forces. En fait, ce n'est point aux vieillards que l'on peut parler de mutualité.

Je n'ai pu découvrir à quelle époque la société philanthropique des Débris de l'armée impériale entra sous le régime de la loi du 15 juillet 1850 relative aux sociétés de secours mutuels, complétée par les décrets du 14 juin 1851 et du 26 mars 1852, loi sans aucune envergure d'ailleurs, instituant des sociétés toutes locales, sous la double dépendance des maires et des curés. Il est probable qu'en vertu de l'article 411 de la loi elle fut considérée comme existant depuis assez longtemps pour que ses statuts fussent éprouvés et qu'elle soit d'utilité publique. Le décret du 27 avril 1853 lui donnait, d'ailleurs, une consécration officielle :

« Par décret du 27 avril, rendu sur le rapport du Ministre secrétaire d'État au Ministère de l'intérieur, S. M. l'Empereur a nommé président de la société de secours mutuels dite société philanthropique des Débris de l'armée impériale, établie à Paris, M. Sari, conservateur de l'entrepôt des liquides. »

Quelques détails biographiques sur le nouveau président ont été recueillis par M. Georges Bertin dans sa curieuse étude sur Joseph Bonaparte en Amérique. C'était un ancien officier de marine, d'origine corse, qui avait accompagné Napoléon sur le brick l'*Inconstant*, lors du retour de l'île d'Elbe. Sa femme, créole de Cuba, avait été chargée par l'ex-roi de Hollande, de faire les honneurs de Point-Brézé et avait rempli ses devoirs de maîtresse de maison avec autant de tact que de charme. M. et Mme Sari, en 1824, avaient accompagné la princesse Charlotte, lors de son retour en Europe.

M. Sari, on le voit, était non seulement un fidèle mais un familier de la famille Bonaparte. Quoiqu'il en soit, son rôle fut très effacé, il mourut bientôt et sa mort fit attribuer la présidence de la société au maréchal Magnan, gouverneur de Paris et lui-même ancien soldat de l'Empire.

C'est le nom du maréchal qu'on retrouve sur les brevets, si bien qu'on appela *les Magnan* les Débris de l'armée impériale. En 1860, le bureau était formé du maréchal, président ; Boucher de Lanois, vice-président ; Daloz, secrétaire ; Lacombe, trésorier.

J'avais espéré pouvoir retrouver dans la correspondance du maréchal quelque trace de l'intérêt qu'il portait à ses compagnons d'armes. Cet espoir a été déçu, en dépit des recherches qu'a bien voulu faire à ce sujet Mme la générale Magnan, sa belle-fille.

L'Empire proclamé, les Vétérans eurent leur place marquée dans toutes les fêtes officielles. Lors de la rentrée des troupes de Crimée, le 29 décembre 1855, ils tinrent la droite de l'état-major du gouverneur de Paris, au nord du terre-plein de la colonne de la place Vendôme. Dès ce moment, au point de vue politique, la société des Débris ne saurait avoir d'histoire et de rôle comparable à celui qu'elle avait tenu sous la Monarchie de Juillet. En 1859, le 14 août, lors de la rentrée d'Italie ils sont place Vendôme et le soir, chez Lemardelay, se réunissent en un banquet présidé par l'intendant Froité représentant le maréchal Magnan.

En 1860 une réorganisation de la Société eut lieu ; on en trouve le détail dans *Le Constitutionnel* du 10 décembre.

« Les membres de la société philanthropique des Débris de l'ancienne armée impériale se sont réunis aujourd'hui dimanche, au quartier général de la 1re division, place Vendôme, pour procéder à leur organisation militaire.

« Il a été résolu qu'avec les vieux soldats décorés de la médaille de Sainte-Hélène, actuellement inscrits sur les contrôles de la société, on formerait un bataillon provisoirement composé de quatre compagnies, le nombre de ces dernières étant susceptible d'être augmenté au fur et à mesure des inscriptions nouvelles résultant de l'adhésion des vieux soldats qui se présenteraient pour être admis dans cette société dont le but exclusivement philanthropique est de procurer à ses membres tous les secours dont elle pourra disposer, en cas de maladie, d'infirmités ou de circonstances particulières dont le conseil général sera juge.

« L'état-major du bataillon se composera d'un chef de bataillon commandant, d'un capitaine adjudant-major, d'un capitaine trésorier, d'un sous-lieutenant porte-drapeau, d'un adjudant sous-officier et d'un caporal-tambour.

« Les cadres des compagnies seront formés à l'instar de ceux des régiments d'infanterie de l'armée, c'est-à-dire d'un capitaine, d'un lieutenant, d'un sous-lieutenant, d'un sergent-major, de quatre sergents, d'un fourrier et de huit caporaux.

« La 1re compagnie se compose des vieux soldats qui ont conservé leurs uniformes du premier Empire. La 2e et la 3e se composèrent des vieux soldats qui, n'ayant plus ces uniformes, ont adopté *la tunique avec épaulettes et chapeau de grenadier* (petite tenue de la garde impériale).

« Enfin, la 4e compagnie sera formée des médaillés de Sainte-Hélène qui n'ont pas encore pris cette dernière tenue et qui, au fur et à mesure qu'ils la prendront, seront incorporés successivement dans les compagnies habillées.

« Six tambours et un maître-tambour *(sic)* formeront la tête de la colonne et porteront l'uniforme des grenadiers de la vieille garde.

« S. E. le maréchal Magnan, ministre de la guerre, a accordé à la société des Vieux Soldats des sabres-briquets avec baudriers blancs, tirés de l'arsenal de Vincennes ; il leur a remis également, pour orner le drapeau et comme souvenir glorieux, l'Aigle des guides du premier Empire. » (1)

Ainsi, la société des Débris de l'Armée impériale prenait, en 1860, une organisation toute militairement officielle, grâce à l'appoint que lui apportaient les médaillés de Sainte-Hélène. Il est curieux de constater qu'à cette époque le parti Lamy n'avait pas tout à fait disparu. L'ancien président manifesta son existence à l'occasion de la cérémonie du transfert définitif du cercueil de Napoléon dans le mausolée de la crypte des Invalides, par l'édition d'une médaille de fort belle allure d'ailleurs, à l'avers de laquelle on voit les vieux soldats revêtus des uniformes légendaires, groupés autour du tombeau, et la signature *A. Bovi,* et au revers une petite effigie de Napoléon surmontait l'inscription : *Hommage offert par ses vieux soldats, débris vivants des armées impériales de 1793* (sic) *à 1815, déposé dans son tombeau, le 30 avril 1861, jour de son inauguration, sous le règne de Napoléon III, empereur.*

Tout au bas on lit : *Édité par Lamy, ex-garde impérial.* C'est là une timide réapparition de l'ex-président exclus. Le titre de la société est changé, la date de 1792 elle-même, tandis que le sieur Lamy se rappelle par le titre vague de garde impérial (lisons : national) invoquant des services relatifs.

A peine s'est-il écoulé quarante ans, et les souvenirs des Débris de

(1) Il y a dans ce dernier membre de phrase une légère erreur. Le drapeau de la Société des Débris, après de touchantes aventures, est arrivé dans les mains de M. Charles Blasini, l'érudit curieux des bibelots du second Empire, et l'Aigle n'est point du modèle du premier Empire, mais de celui de 1852 abandonné en 1860.

l'Armée impériale se sont faits rares, en dehors de leurs insignes, qui le sont eux aussi quelque peu. M. Charles Blasini possède leur drapeau, qu'il réserve au Musée de l'Armée, la grande collection de nos souvenirs militaires, la brochette du vice-président et le grand cordon du président. M. Hiekel a recueilli la canne du tambour-maître, M. Perdriel les insignes de son oncle, membre de la société, et sa carte d'omnibus, car c'était un privilège de droit pour les Débris de payer demi-place lorsqu'ils étaient revêtus de leur uniforme. Au Musée de l'Armée, on conserve une des cartes qui leur donna accès aux tribunes lors de la distribution des Aigles, le 14 mai 1852.

La réorganisation militaire de 1860 groupant tous les médaillés de Sainte-Hélène sous l'égide de la Société des Débris, lui infusait un sang nouveau mais bien usé, tandis que son caractère philanthropique disparaissait quelque peu.

Chronologiquement parlant, j'eusse dû interrompre en 1858 son historique, j'ai préféré en indiquer, de suite, les transformations. Il faut dire, aussi, qu'en dehors de l'association officielle dont le maréchal Magnan était le chef et bien avant 1858, l'association amicale et philanthropique, soit à Paris, soit en province, se pratiquait dans nombre de groupements que la mort éclaircissait de plus en plus, et qui à défaut d'histoire ont laissé leurs insignes comme témoins d'une existence difficile à retracer.

Les sociétés impériales de secours mutuels, depuis 1850, avaient aussi depuis leur fondation reçu dans leur sein nombre d'anciens soldats, qui en joignaient l'insigne à ceux des sociétés militaires. Car ils étaient friands de rubans et de ferblanterie, les vieux, et une de leurs traditionnelles visites, avant d'aller banqueter au Palais-Royal chez Cathelain, où ils trouvaient toujours avec un agréable menu un petit morceau de pain de munition, souvenir des campagnes d'antan, était chez les marchands du Palais-Royal pour rafraîchir leurs décorations.

MODÈLE RÉDUIT DU CHAPEAU DES DÉBRIS AVEC COCARDE DU PREMIER EMPIRE
(Collection de l'Auteur)

CHAPITRE VII

La médaille de Sainte-Hélène

Trois jours avant la fête du 15 août 1857 parut le décret instituant, pour ceux qui avaient pris part aux grandes guerres de 1792 à 1815, une médaille commémorative.

« Napoléon, par la grâce de Dieu, Empereur des Français,

« Voulant honorer par une distinction spéciale, les militaires qui ont combattu sous les drapeaux de la France dans les grandes guerres de 1792 à 1815,

« Avons décrété et décrétons ce qui suit :

« Art. I. — Une médaille commémorative est donnée à tous les militaires français et étrangers des armées de terre et de mer qui ont combattu sous nos drapeaux de 1792 à 1815. Cette médaille sera en bronze et portera d'un côté l'effigie de l'Empereur, de l'autre pour légende : campagnes de 1792 à 1815 — à ses compagnons de gloire : sa dernière pensée — Sainte-Hélène, 5 mai 1821. Elle se portera à la boutonnière suspendue par un ruban vert et rouge.

« Art. II. — Notre ministre d'État et le grand-chancelier de la Légion d'honneur sont chargés chacun, en ce qui le concerne, de l'exécution du présent décret.

« Fait au palais de Saint-Cloud,
« Le 12 août 1857.
« NAPOLÉON. »

Il est à remarquer que cette médaille commémorative était à proprement parler la première qui ait été instituée en France, celle de Crimée étant d'origine étrangère et la médaille militaire, créée en 1852, formant en réalité une classe de la Légion d'honneur. Remarquons aussi que, destinée aussi bien aux étrangers qu'aux français, il n'avait pu être question, pour la frapper, quoiqu'on y eût songé, du bronze de canons pris sur l'ennemi et que son ruban associait le vert impérial au rouge de la Légion d'honneur.

Le décret parut au *Moniteur* le 13 août et l'*Illustration,* dans son numéro du 22 août, publia un dessin de la nouvelle décoration.

Dans le numéro du 19 septembre du même journal, au-dessous d'une gravure curieuse par le soin que mit le dessinateur à reproduire les types des vieux soldats depuis l'officier au chapeau Bolivar jusqu'à l'humble pensionnaire des petites sœurs des pauvres, on lit :

« L'Hôtel de la Légion d'honneur offre en ce moment un spectacle intéressant, dans l'affluence des anciens soldats de la République et de l'Empire accourus pour recevoir la médaille de Sainte-Hélène, récemment instituée par un décret impérial. Toutes les conditions sociales se trouvent réunies dans cette foule où l'on peut difficilement reconnaître à leur physionomie et à leur costume les vainqueurs de l'Europe. Mais, quand ils sortent, fiers de cette médaille suspendue à leur boutonnière, on n'en peut plus douter. » (1)

L'institution fut populaire en France. Les anciens soldats ne cessaient depuis 1852 de la réclamer.

J'extrais d'une petite plaquette, publiée en 1861, à Marseille (Armand, rue Cannebière, nº 16) et intitulée : *Relation historique de l'Institution de la médaille de Sainte-Hélène, par un vieux soldat du premier Empire,* quelques passages rétrospectivement curieux.

« Les divers partis qui divisaient la France de 1850 à 1852 la tiraillaient en tous sens.

« Les uns ayant établi leur quartier général à Wiesbaden, s'efforçaient d'élever sur les débris d'une république impossible, le trône sur lequel ils voulaient asseoir un futur Henri V. Les autres cherchaient à y placer un des princes d'Orléans; les utopistes rêvaient d'autre chose.

« Tout en respectant le culte des opinions, qu'il me soit permis de rappeler d'un autre côté, avec quel bonheur nous entrevîmes sur l'horizon d'alors, les ailes glorieuses de l'Aigle qui allait s'élancer sur les drapeaux de la France après avoir plané jadis sur ceux de nos régiments, nous autres surtout, vieux soldats du Grand Homme, dont la plupart ont tant souffert sous la Restauration.

« Dans cette conjecture j'adressai les deux lettres suivantes à M. le

---

(1) Le brevet ci-contre a été accordé au grand-oncle de l'éditeur Jean-Baptiste Leroy, né à Thorigné (Sarthe), le 24 janvier 1781. — Entré au 24ᵉ régiment de ligne (1800), le 26 frimaire An IX et rayé des contrôles le 1ᵉʳ août 1814. A fait les campagnes suivantes : Ans IX et X au corps d'observation de la Gironde; Ans XII et XIII au camp de Brest; An XIV, 1806, 1807 à la Grande-Armée; 1808, 1809, 1810, 1811 en Espagne.

Pl. IV

J. LEROY, ÉDIT., PARIS

DRAPEAU (FACE ET REVERS) DE LA SOCIÉTÉ DES DÉBRIS EN 1860

(appartient à M. CHARLES BLASINI)

MÉDAILLE DE SAINTE-HÉLÈNE

INSTITUÉE PAR S.M. NAPOLÉON III

NAPOLÉON Ier

A ses Compagnons de gloire Sa dernière pensée!

Sainte-Hélène, 5 Mai 1821

Le Grand Chancelier de l'Ordre Impérial de la Légion d'Honneur, certifie que

M. Leroy, Jean soldat au 24e de Ligne

ayant servi durant la période de 1792 à 1815 a reçu la Médaille de Ste Hélène

Duc de Plaisance

Inscrit à la Grande Chancellerie No 121,418.

ORDRE IMPÉRIAL DE LA LÉGION D'HONNEUR · GRANDE CHANCELLERIE

BREVET DE LA MÉDAILLE DE SAINTE-HÉLÈNE DE JEAN-BAPTISTE LEROY
(Communication de l'Éditeur)

Ministre de la Guerre afin d'obtenir, en faveur des anciens vétérans du premier Empire, une médaille en bronze, destinée à récompenser leurs services et leur dévouement, en même temps qu'*elle serait un signe de ralliement à la cause de l'Empire qui était sur le point de se rétablir.* »

Suivent les deux lettres, parties de Toulon le 14 février 1852 et le 17 février 1853. Elles furent accompagnées de l'envoi d'un modèle, le tout signé Schweitzer. Tout cela est dûment légalisé par le sous-préfet, le maire de Toulon et de notables anciens soldats de l'Empire.

Le sieur Schweitzer dut éprouver quelque chagrin à voir le maréchal Saint-Arnaud absorbé par d'autres préoccupations. Il n'en est pas moins curieux de voir en marche l'idée qui aboutit au décret de 1857 et que Schweitzer ne manqua pas de réclamer comme sienne.

La création de la médaille militaire, due à une heureuse inspiration du Prince-président, avait donné au point de vue militaire les plus heureux résultats, encore qu'on puisse regretter le caractère quelque peu politique qu'il lui donna en la dotant des biens de la famille d'Orléans ! Le vieux soldat, dont le projet dort peut-être encore dans les cartons du ministère de la Guerre, ne se trompait pas en donnant à celle de la médaille de Sainte-Hélène une valeur morale et politique, mais il est assez curieux qu'il ait omis de parler du rôle rempli sous Louis-Philippe par la société des Débris, et ceci prouve combien peu les groupements avaient eu d'importance en dehors de Paris. A Marseille cependant, dès 1840, il semble avoir existé, sous le nom de *Société de Sainte-Hélène,* une association assez nombreuse, qui se fondit plus tard dans la Société de secours mutuels *l'Espérance.*

Peut-être l'article premier du décret, accordant la médaille à tous les militaires ayant servi sous nos drapeaux, était-il de trop grande envergure? En France, la médaille récompensa bien souvent les services problématiques de conscrits ayant échappé à la conscription ou de gardes nationaux qui n'avaient jamais tenu un fusil. A l'étranger, dans tous les anciens départements de l'Empire, l'institution se justifiait ; mais en était-il de même dans tous les pays qui avaient formé la Confédération du Rhin ? Combien pouvaient réclamer la médaille de ceux qui, après avoir servi sous nos drapeaux, avaient suivi ceux des souverains alliés en 1814 et en 1815 ?

Puis n'y avait-il point, diplomatiquement parlant, quelque danger à rappeler sur la rive droite du Rhin certains souvenirs?

Pourtant, l'idée qui présida à la création de la médaille de Sainte-Hélène est de grande allure ; elle est de celles que peut seul mettre à exécution un gouvernement conscient de sa force et, en 1857, l'Empire le pouvait. Si, en France, l'institution avait, pour employer le mot de

M. Schweitzer, une portée morale et politique et même quelque peu le caractère d'un instrument de gouvernement, dans les limites de nos anciennes frontières, elle accomplissait le groupement des nombreuses sociétés philanthropiques en les rattachant encore plus à l'idée impériale.

Il semble ainsi que ce furent de hautes préoccupations qui inspirèrent Napoléon III dans cette institution, et qu'il n'ait pas été résigné, en 1857, à borner son empire aux frontières de 1815.

Il n'est pas douteux qu'en Belgique et en Allemagne, les chauvins aient supporté impatiemment l'apparition de la médaille impériale française. A Francfort, ville libre encore, il existait un assez grand nombre d'anciens soldats des troupes primatiques et grand-ducales qui avaient pris part aux campagnes d'Espagne et de Russie, ainsi qu'aux sièges de Dantzick, Glogau et Torgau en 1813-1814. Les ayants droit furent invités à aller recevoir la médaille des agents diplomatiques français.

D'après un ouvrage de M. Von Heyden sur les décorations du Grand-duché et de la ville libre, ceux qui se présentèrent reçurent le brevet, la médaille et la lettre ci-dessous, rédigée en allemand :

LÉGATION DE FRANCE

—

« Francfort, le 5 février 1858.

« Monsieur,

« J'ai l'honneur de vous envoyer ci-joint le brevet et la médaille de Sainte-Hélène que Sa Majesté l'Empereur Napoléon III vous a décernée pour les services que vous avez rendus pendant que vous combattiez sous les drapeaux de la France.

« Je vous prie de m'accuser réception de cet envoi. Recevez...

« *Le représentant de la France,*

« GUY, comte de MONTESSUY. »

Diplomatiquement, la forme peut paraître maladroite. La médaille, d'après M. Von Heyden, ne fut réclamée que par une partie des ayants droit, et portée seulement par quelques-uns ; par *Wort und Schrift*, le port en fut déconseillé comme d'une antipatriotique intrigue.

L'ouvrage date de quinze ans à peine, et il est assez difficile de vérifier à quel degré d'acuité le décret du 15 août 1857, froissa le loyalisme des citoyens d'une ville libre, à qui bien des événements montrèrent depuis, qui, vraiment, menaçait leurs franchises. Il n'en est pas moins vrai que le chauvinisme allemand en prit, et non sans raison, quelque ombrage.

En dépit de l'ouvrage précité, la médaille fut généralement réclamée et même, ce qui m'a été confirmé par plusieurs témoignages, par des ayants droit suspects. La vérification des titres, à l'étranger encore plus qu'en France, fut faite plus qu'à la légère, et il suffit de la moindre apparence de droit pour obtenir une distinction dont les bénéficiaires n'honorèrent point toujours la nation qui la leur avait décernée.

Dans les anciens départements rhénans de l'Empire français et en Belgique, la médaille fut bien accueillie. Le souvenir de Napoléon et surtout celui des conquêtes de la Révolution, se confondant tous les deux, étaient trop grands pour qu'il en fût autrement. Mais on pourrait douter qu'il en ait été de même en Hollande ou sur la rive droite du Rhin.

Par fantaisie de collectionneur, j'ai eu l'idée, il y a quelques années, d'aller rechercher dans une des plus anciennes maisons du Palais-Royal, la maison Kretly, de vieux rubans; jadis, comme aujourd'hui encore, Paris et Saint-Étienne étaient les fournisseurs de rubans de l'Europe. J'y ai trouvé celui de la médaille de Sainte-Hélène allié d'abord à celui de la Légion d'honneur et à celui du Virtuti militari, cette décoration qui, aux yeux des Polonais, eut le prestige de notre récompense des grandes guerres, puis à ceux de Sainte-Anne de Russie, de l'ordre de Léopold, de la Couronne de Chêne de Hollande, de la Fidélité de Bade, de Saint-Hubert et de Maximilien de Bavière.

Pourtant, en dehors des pays rhénans et belges, il n'existait point de sociétés de Frères d'armes autres que des groupements tout amicaux. Si les rubans se fabriquaient, c'est qu'ils étaient de vente, c'est que le prestige du nom de Napoléon, synthétisant la gloire et les conquêtes de la Révolution et de l'Empire, ainsi que notre civilisation, était tel qu'il n'était pas un seul de ceux qui avaient combattu sous nos drapeaux qui ne fût fier d'associer à ses décorations la modeste *médaille de chocolat*.

Je n'en ai trouvé pourtant aucun associant les couleurs d'un ordre prussien à celui de la médaille. Il est vrai qu'après 1814 les provinces rhénanes furent quelque peu traitées en pays conquis, mais il est à constater qu'aujourd'hui, en ces pays, la médaille de Sainte-Hélène a acquis une valeur de curiosité marchande de beaucoup supérieure à celle qu'elle a en France où, cependant, une hausse s'est produite par suite des demandes qui sont venues d'Angleterre et d'Amérique.

En France, la création de la médaille n'eut pas pour conséquence un mouvement philanthropique tel que celui qui avait suivi le retour des Cendres. A Paris, nous l'avons vu, les médaillés de Sainte-Hélène, militairement organisés, s'étaient ralliés, en 1860, à la Société philanthropique des Débris, sous la présidence du maréchal Magnan; en province, les sociétés philanthropiques, s'il en fut (et de plus en plus elles ne pouvaient réunir qu'un petit nombre de membres) n'ont pas laissé de traces. Bien que beaucoup eussent fait partie des sociétés de secours mutuels, les vieux soldats s'adressèrent, bien plus qu'à leurs propres forces, à l'Assistance dans ses deux formes les plus fréquentes, gouvernementale et religieuse. Leur seul rôle consista à paraitre en corps dans toutes les fêtes officielles ou religieuses, aux 15 août comme aux processions de la Fête-Dieu.

Une petite brochure, éditée à Rouen en 1859 et intitulée *Souvenirs de la messe d'actions de grâce* célébrée le 25 mars 1858 en l'église de Saint-Sever, au nom des anciens militaires décorés de la médaille de Sainte-Hélène, montre combien, dès l'apparition de cette distinction, l'idée religieuse prédomina en dehors de tout caractère vraiment philanthropique imité de celui des groupements antérieurs, tant au point de vue de l'assistance qu'à celui de l'association.

L'abbé Lefebvre, curé de Saint-Sever, invita de sa propre initiative, le 29 mars 1858, à une messe d'actions de grâce, ses paroissiens médaillés et leurs collègues.

Le jour dit, à 10 heures du matin, environ trois cents anciens militaires se réunissaient au presbytère de Saint-Sever d'où ils se rendirent à la paroisse, précédés de la musique du 81e (je constate l'absence de toute autorité militaire ou civile). Avant la messe, l'abbé Lefebvre prononça une courte allocution, remplie de nobles pensées, animée par des récits anecdotiques et exprimée dans un style simple, mais avec cette éloquence pleine d'onction qu'on appelle l'éloquence du cœur.

Je transcris les termes de la brochure :

« Si l'époque de la semaine sainte, le ministère sacré dont il est revêtu, tout, en un mot, imposait à l'orateur l'obligation de dire quelques mots de l'accomplissement des devoirs religieux, chacun a pu remarquer avec quel tact, avec quelle convenance il a su traiter une matière aussi délicate.

« On est dans la semaine sainte, se sont dit les vieux soldats, et M. le Curé ne va pas manquer de leur demander si, dans ce temps qui rappelle tous les fidèles à l'accomplissement d'importants devoirs, ils sont d'aussi bons chrétiens qu'ils ont été autrefois de bons soldats ; s'ils gardent aussi bien le commandement de Dieu et de l'Église qu'ils observaient autrefois la consigne ou la discipline militaire, en un mot s'ils se préparent à faire leurs Pâques.

« Non, ce n'est point de cela que M. le Curé veut leur parler. En effet, pourquoi leur rappellerait-il la nécessité de remplir leurs devoirs de chrétiens? N'en sont-ils point tous bien convaincus, et s'ils ont cette conviction pourquoi voudraient-ils qu'il suppose qu'ils ne le font point? Voudraient-ils qu'il présume qu'ils se croient encore trop jeunes pour ne pas être obligés de s'en occuper sérieusement? »

Les intentions de M. le curé de Saint-Sever étaient certes des meilleures, mais le groupement qu'il réalisait était plutôt une œuvre de la bonne mort qu'une confrérie de frères d'armes.

C'est à la charité que faisait appel l'abbé Lefebvre, en réclamant, au cours de son sermon, des sentiments généreux de l'assemblée, des offrandes en faveur de la veuve d'un médaillé de Sainte-Hélène, récemment décédé en laissant cinq enfants en bas âge.

Il annonçait ensuite son intention de convoquer à l'avenir, à l'inhumation des médaillés de Sainte-Hélène, tous leurs anciens compagnons d'armes, quels qu'ils fussent, même ceux appartenant aux autres paroisses.

Cette cérémonie, que nous pouvons considérer comme le type des réunions d'anciens soldats en France, se termina dans le jardin de la cure, où l'abbé Lefebvre donna lecture d'une pièce de vers composée par un Rouennais, M. Le Breton de la Haize, qui sembla emprunter quelque souffle poétique à Béranger :

AUX DÉCORÉS DE LA MÉDAILLE DE SAINTE-HÉLÈNE

Vénérables débris d'un empire héroïque
Qui fit longtemps trembler les peuples et les rois,
Souffrez que de ces vers l'hommage sympathique
Se mêle aux doux accents d'une éloquente voix.
A l'arbitre éternel des trônes de la terre,
Vous venez, devant lui courbant vos nobles fronts,
D'adresser, pleins de foi, votre ardente prière
Pour l'auguste vengeur de vos sanglants affronts,
Pour votre souverain dont la main glorieuse
A rendu leur prestige à nos drapeaux vainqueurs
Naguère en secouant la poussière honteuse
Qui ternissait encor leurs splendides couleurs.

Ce signe qu'il attache à votre sein rappelle
D'émouvants souvenirs de triomphe et de deuil,
Austerlitz, Iéna, dont la gloire immortelle
A tout Français inspire un légitime orgueil,
Waterloo, de nos preux fatale et vaste tombe
Dont le nom fait couler des larmes de nos yeux,
Où, malgré ses efforts, la Garde qui succombe
Épouvante l'Anglais de son cri glorieux,
Sainte-Hélène évoquant pour notre âme attristée,
D'un douloureux exil les lamentables jours,
Sombre et lugubre écueil où nouveau Prométhée,
IL expira rongé par de cruels vautours.

. . . .

A l'hiver de la vie, à travers tant d'orages
Vous voilà parvenus, magnanimes soldats
Et nul de vous, proscrit ou saturé d'outrages,
De ses convictions, n'a dévié d'un pas.

Portez donc fièrement la digne récompense
Dont même plus d'un roi s'honore en ce moment.
Plus tard vos fils diront : « Ce prix de la vaillance
De mon illustre aïeul paya le dévouement.
A la France on le vit consacrer son épée,
Aux temps de ses succès comme de ses revers.
Il fut un des acteurs de la Grande Epopée,
Dont la gloire, vingt ans, étonna l'Univers. »

Il y eut bientôt une question des médaillés de Sainte-Hélène, que l'obtention de la médaille porta tout naturellement à la revendication d'une pension. Leurs vœux furent formulés, dès 1861, dans une brochure anonyme, *Napoléon III et la médaille de Sainte-Hélène,* que je suis fort tenté d'attribuer à la plume du sieur Judas dit Lamy, le fondateur exclu de la société philanthropique des Débris qui, cette même année, éditait une médaille dont il a été question plus haut. *« Je vous promets que je m'occuperai de vous »,* telle était la suscription de cet opuscule; c'est à Lyon, le 25 août 1860, que Napoléon III avait fait cette promesse aux vétérans qui, après s'être réunis place Bellecour, étaient venus lui apporter leur fidèle hommage au palais Saint-Pierre. Là, l'un d'eux avait rappelé que jadis les grenadiers de la vieille Garde, au retour de l'île d'Elbe, avaient offert un banquet à l'Empereur, en l'appelant *papa la Violette,* et qu'ils étaient fiers de décerner à son neveu le surnom de *papa la Violette n° 2.*

Les pensions, établies en 1852, continuaient cependant à être payées sur le pied de 2.700.000 francs. De nouveaux secourus avaient remplacé les décédés.

Il ne me paraît point utile de reproduire ici des considérants et des projets que le gouvernement n'accueillit point; il est vrai néanmoins de dire, avec l'anonyme auteur de la brochure, qu'il ne pouvait guère y avoir lieu, pour les médaillés de Sainte-Hélène, à la création d'une Société de secours mutuels, d'exiger un droit d'entrée, le paiement d'un insigne, une cotisation mensuelle d'hommes déjà vieillis et si impotents que *leur défilé devenait lamentable et quelque peu ridiculement pénible.*

Depuis longtemps déjà grand nombre des vieux soldats étaient hospitalisés et c'est sur l'humble uniforme de l'hospice que ceux d'entre nous dont les cheveux commencent à blanchir revoient le ruban rouge et vert.

Pauvres vieux à la charité, mais proprets, astiqués, la moustache et les favoris en brosse, quelque chose de sénile et martial à la fois dans la démarche, dont pas un n'a franchi le seuil du XXe siècle; le général Vanson, qui vit leur défilé dans les dernières années de l'Empire, leur consacra quelques trop courtes lignes dans le *Carnet de la Sabretache* (n° 38, fév. 1896).

« ..... L'unique tambour survivant dans les dernières années appartenait aux Grenadiers à pied de la vieille Garde ; irréprochable dans sa grande tenue de service, ses vieilles jambes maigries soigneusement guêtrées, il arrivait au bras de son fils qui portait sa caisse, une vraie caisse de la Garde avec l'aigle et les grenades. Pendant que la petite troupe s'arrêtait un instant pour se former à l'entrée de la rue de Castiglione, le vieillard se dégageait, accrochait la lourde caisse à son collier et alors, au commandement de *Marche !* de l'officier, le vieux tambour raffermissant son pas et retrouvant sa vigueur, battait avec les *piano* et les *forte* d'autrefois, la *Grenadière*, cette belle marche jadis célèbre, devenue la *Saint-Cyrienne*.....

« A la cadence du pas ordinaire, le petit peloton se raidissait et tous au pas, la lame nue à la hanche, faisaient gravement le tour de la Colonne. C'était la partie épique de la journée..... »

Sic transit gloria mundi.

Puis suivait une visite aux Invalides, où d'autres vétérans raillaient impitoyablement les uniformes mal reconstitués.

Ce n'est qu'en 1869 qu'une loi, votée sur la proposition de M. Glais-Bizoin, accorda une pension de 250 francs à seize mille médaillés de Sainte-Hélène, qu'elle mit sous la protection de la Grande chancellerie de la Légion d'honneur.

Après la guerre de 1870-71, on ne revit plus aux 5 mai et 15 août les vieux uniformes, place Vendôme. Nos désastres, encore plus que l'extinction fatale des Débris, amenèrent sur les médaillés de Sainte-Hélène un oubli immérité ; aux manifestations toutes politiques qui avaient lieu autour de la Colonne, quelques vieux soldats apparurent encore. Ce n'était plus leur place et ceux bien rares et bien las qui restaient encore, se renfermèrent en leurs souvenirs. Récemment, M. Gustave Schlumberger *(Derniers soldats de Napoléon,* Plon-Nourrit, 8, rue Garancière) a retracé, d'après les journaux, l'agonie des trente-quatre derniers soldats de Napoléon qui vivaient encore au 1er janvier 1891 et dont dix moururent centenaires.

C'était une évocation du passé, évocation que nous n'entendrons plus, que ces courts articles nécrologiques qu'il a pieusement recueillis.

Le dernier médaillé de Sainte-Hélène, Louis-Victor Baillot, mourut le 9 avril 1898, à l'âge de cent cinq ans, après avoir reçu la croix de la Légion d'honneur des mains du Président Félix Faure.

Les vieux soldats étaient entrés dans la Légende du jour même où ils avaient vu l'armée française recevoir de nouvelles aigles des mains d'un Bonaparte. Depuis longtemps aussi, à l'étranger, le temps était passé de leur demander un concours.

En France, de l'échauffourée de Boulogne, du retour des Cendres à ce jour-là, leur rôle politique avait été considérable, non seulement par la vivante réclame de leurs vieux uniformes, mais par le respect qu'ils inspiraient aux jeunes générations.

Ils en avaient imposé à la Monarchie parlementaire affaiblie. C'est qu'en 1840, les Frères d'armes n'étaient pas les médaillés de Sainte-Hélène que nous avons connus vieillis et revêtus des habits de l'hospice. On eût pu dire d'eux ce que disait de Parquin, devant la Chambre des Pairs, Me Ferdinand Barrot, défenseur des accusés Voisin, Parquin, Desjardins et Bataille.

« On savait Parquin homme d'action et que le jour où on l'appellerait il serait prêt. Le Prince lui aurait dit : « Parquin, il faut que tu ailles là, tu « seras tué, mais j'avancerai d'un pas. » Parquin y serait allé. »

Ce culte de l'Empire, les Frères d'armes avaient su le propager. Le lieutenant Aladenize qui, après avoir gagné l'épaulette sur les barricades de Juillet, prit, lors de l'échauffourée de Boulogne, la plus grande part peut-être des responsabilités, eût trouvé en France plus d'un imitateur fanatisé comme lui par la gloire du nom de Napoléon, inspirateur des plus grands dévouements; mais bien avant qu'il fut question d'une monarchie parlementaire ou d'une restauration impériale en la personne d'un des fils d'Hortense, les vieux soldats de la République et de l'Empire, sous l'image du grenadier de l'île d'Elbe ou du fossoyeur du champ d'Asyle, avaient symbolisé non seulement l'idée libérale, mais l'idée républicaine. Pour le peuple, dont Béranger était le chantre, c'était eux qui avaient fait trembler les rois aux temps où

> La liberté mêlait à la mitraille
> Des fers rompus et des sceptres brisés.

Les soldats de l'Épopée, on les vit sur les barricades de 1830, en France comme en Belgique, clamant à une aube nouvelle la *Marseillaise* et la *Brabançonne*, pendant que le *Vieux sergent* élevait bien haut les trois couleurs jadis ternies par la poussière, à la face de la Sainte-Alliance, toujours vivante dans le souvenir des fils de la Révolution française.

Ils étaient alors dans la force de l'âge; dix ans plus tard, lors du retour des Cendres, beaucoup se courbaient déjà et il m'a semblé curieux de retracer comment les combattants de nos grandes guerres, la vieillesse venue, pratiquèrent la philanthropie; comment, dans la paix, se maintint la confraternité cimentée sur les champs de bataille; de rechercher en même temps quel fut le rôle diplomatique et politique de leurs associations. On a vu combien, grâce à elles, le lien s'est maintenu longtemps étroit entre les provinces de la vieille France et les départements conquis par les armées républicaines.

Ces souvenirs, bien près de s'éteindre, peut-être eût-il été impossible à la génération qui suit, de les rassembler. J'ai été aidé à le faire par mes collègues Bertin, Bironneau et Laforge, de *la Sabretache,* en France ; par MM. E. Jordens, baron Van Zuylen, Van Nievelt, archiviste-adjoint de l'État Belge ; Rœpel, Directeur provincial du gouvernement de la ville de Mons, en Belgique ; en Allemagne, par M. Laüé, premier adjoint de la ville de Cologne, et Lobé, négociant à Trèves, par l'entremise de M. Kra, libraire à Paris, et surtout par M. le maire de Mayence et M. Velke, bibliothécaire en chef de cette ville.

Je saisis l'occasion de remercier ici mes collaborateurs.

CACHET

(Communiqué par M. Paul Marmottan)

Peut-être y a-t-il à tirer de cette étude quelques enseignements au moment où l'on parle tant de mutualisme (on eut dit jadis philanthropie, tout récemment secours mutuel)? Il est loisible de conclure, en constatant combien l'idée d'association qui, dès 1840, portait ses fruits en Belgique et en Allemagne, fut peu comprise en France ; combien, dans notre pays, la discipline des groupements mutualistes est difficile à obtenir ; combien ceux-ci sont exposés aux influences politiques qui leur sont toujours néfastes.

Est-ce à dire que ces groupements soient impossibles à réaliser dans l'armée française? Non certes, car il n'est pas de fraternité plus étroite que celle qui se forme à l'ombre du drapeau ; d'autres nations, la Belgique la première, nous ont devancés dans cette voie et les résultats ont été excellents, mais ne faut-il pas tempérer les espérances de l'avenir par les enseignements du passé ?

Le jour où notre soldat apportera sa modeste obole à la masse commune, ne devrait-il pas être inscrit, en tête de la modeste lettre de change qu'il tirera sur l'avenir, les paroles de Richard de Querelles à ses frères d'armes parisiens désunis, en leur proposant l'exemple de ceux de Bruxelles :

« Là, je vis l'union régner parmi les soldats de la Grande-Armée. Je vis fantassins, cavaliers, canonniers et marins, la Garde et la Ligne se serrant autour du vieux drapeau, dans cette même pensée de glorifier le passé, d'espérer dans l'avenir, s'occupant peu de la politique et de ses mesquins débats. »

Capitaine Maurice BOTTET.

Bouton d'uniforme des Débris.

TABLE DES MATIÈRES

DESCRIPTION DES PLANCHES EN COULEURS

PLANCHE I

1. — Insigne primitif de la Société philanthropique des Débris de l'armée impériale.

2. — Inscription du revers du même insigne.

3. — Insigne de la Société philanthropique en 1853.

4. — Insigne de la Société philanthropique à la reconstitution de 1860.

5. — Médaille de Sainte-Hélène. (1)

Cette médaille du type réglementaire forme du côté revers un médaillon dont l'intérieur doré était destiné à renfermer des cheveux. Le ruban réglementaire fut de 39 m/m, vert impérial à cinq filets et deux lisérés rouges. Celui représenté sur cette planche est mélangé des couleurs de la Légion d'honneur, de la médaille de Sainte-Hélène, et de l'insigne des Débris. L'agrafe avec la date est une de celles que les légionnaires du Ier Empire portaient pour ne pas être confondus avec ceux de plus fraîche promotion.

Ces quatre insignes font partie de la collection de l'auteur.

PLANCHE II

6. — Petite barrette réunissant deux insignes, celui de la médaille de Sainte-Hélène et celui de la Société des Débris.

Dans une pièce de la collection Maurice Buquet les épées traversent un médaillon argenté qui ressemble à un bouton de la garde impériale. Il existe aussi de très grandes barrettes destinées aux décorations de grand module et affectant la même disposition inspirée par le médaillon de Vétérance.

---

(1) *Note au sujet de la médaille de Sainte-Hélène.* — La médaille établie à la Monnaie par l'entrepreneur, M. Barre, dont le poinçon, une ancre, est frappé au-dessous du buste de l'avers, mesure 50 millimètres de hauteur. Sa reproduction fut réservée exclusivement à M. Barre, ainsi que la propriété des Coins.

M. Barre établit trois modules réduits, au prix de deux francs. N° 1, 33 m/m. N° 2, 20 m/m. N° 3, 16 m/m (les hauteurs étant prises de la partie inférieure de la couronne de lauriers au sommet de la couronne impériale).

Ces modules sont désignés dans un petit prospectus déposé dans les boîtes en carton verni blanc accompagnant les insignes officiels, qui portaient sur le couvercle une aigle et l'inscription : *Aux compagnons de gloire de Napoléon Ier (Décret du 12 août 1855).*

Ils portent également le poinçon à l'ancre, mais la fabrication des modules réduits étant du domaine public, il en fut fabriqué en dehors de la Monnaie.

En outre, aussi bien à la Monnaie que dans le commerce, il fut frappé des médailles de Sainte-Hélène, en or, argent doré, simili ou *or de Manheim* ou en bronze doré.

7. — Insigne de plusieurs Sociétés belges et françaises. Aigle en bronze fondu et ciselé.

Cet insigne, ainsi que le n° 13 (Pl. III) porte au revers le nom : *Dutromp, 25e régiment d'infanterie légère.*

8. — Insigne d'une Société française d'anciens canonniers.

9. — Insigne d'une Société de Frères d'armes français de la région du Rhône.

10. — Insigne d'une Société de Frères d'armes (Polonaise).

11. — Insigne de la Société de secours mutuels l'IMPÉRIALE.

Cet insigne n'appartient pas exclusivement aux anciens soldats de 1792 à 1815, mais beaucoup d'entre eux étant entrés dans des associations de cette nature, il a paru intéressant de l'adjoindre à la série des précédents.

Les insignes 6, 7, 8, 10, font partie de la collection de l'auteur.

Le n° 9 se trouve dans les collections Leroux et Buquet.

PLANCHE III

12. — Insigne des Frères d'armes de Gand.

Au revers : *Hommage à Monsieur Lavaut, commissaire, pour service* (sic) *rendu à la Société. Décerné le 1er mai 1842.*

13. — Insigne d'une Société de Frères d'armes belge.

14. — Insigne de la Société bruxelloise des Frères d'armes belges de l'Empire français.

L'insigne primitif porte à l'exergue en émail noir des médaillons les légendes — *Napoléon empereur et roi. — Légion de l'Empire, 12 juillet 1838.* — Sur les insignes postérieurs les médaillons sont ceux de la Légion d'honneur.

15. — Insigne de la Société des Frères d'armes de Mons.

En vermeil pour le président, en argent pour les membres.

16. — Insigne d'une Société de Frères d'armes belges.

Les insignes 12, 13 et 14 font partie de la collection de l'auteur.

Le n° 15 appartient à M. Rœpel, fils du président de la Société Montoise.

Le n° 16 se trouve dans les collections Rœpel, Montegudet et Courtot.

PLANCHE IV

Drapeau, face et revers, de la Société des Débris en 1860.

Appartient à M. Charles Blasini.

www.ingramcontent.com/pod-product-compliance
Ingram Content Group UK Ltd.
Pitfield, Milton Keynes, MK11 3LW, UK
UKHW021203220726
13924UKWH00003B/1296

9 782019 91853